産業分野に生かす
個と家族を支える
心理臨床

日本家族心理学会=編集

家族心理学年報 40

Annual Progress of Family Psychology Volume 40 issued by Japanese Association of Family Psychology

金子書房

ANNUAL PROGRESS OF FAMILY PSYCHOLOGY
［Official Publication by the Japanese Association of Family Psychology］
Volume 40, 2022
PSYCHOTHERAPY FOR INDIVIDUAL AND
FAMILY IN INDUSTRIAL FIELD
Michiko Iκυτα, **Editor-in-Chief**　　　Koubun Wακαshima, **President**
Editorial Board :
Ryoko Hαναδα　　　　Keizo Hαsεgαwα　　　Takahiro Kοzuκα
Takeyoshi Nοzuε　　　Yasue Nuνοshiba　　　Yasuhiko Οhκuma
Masako Οκuνο　　　　Yasue Tακαhashi　　　Hiroshi Uτsuνομiya
Koubun Wακαshima
Editorial Advisor :　Kiyotoki Sugιτανi
Noriko Hiρακi

- -
Japanese association of family psychology
Y G Building 5F, 2-40-7 Hongo, Bunkyo-ku, Tokyo
113-0033 JAPAN

は し が き

　この度の年報のテーマは，「産業分野に生かす個と家族を支える心理臨床」である。「産業」と「家族」，言葉を並べると分野が違うように思えるが，家族の生活を支えるための労働であり，かつ人生において費やす時間が長い分，収入や待遇だけではなく，やりがいや充実感，そして人間関係を含めた部分が個人そして家族にもたらす影響は大きい。また，企業等の職場においても，その労働者の精神や生活からの影響を受けるため，労働者の家族や人生とは切り離せない。

　産業領域での心理臨床は，これまで企業内のカウンセリングや外部EAPなどがその役目を担ってきたが，まだ十分浸透しているとは言えない。しかし2014（平成26）年6月に労働安全衛生法が改正され，2015（平成27）年12月1日から年一回の定期的なストレスチェック制度が義務化された。制度の主な目的は，労働者自身のストレスへの気付きを促進すること，ストレスの原因となる職場環境の改善につなげることの2点である。このストレスチェックに国家資格としての公認心理師が加わり，結果として心理師の産業領域での活性化が望まれる。

　確かに企業文化において，カウンセラー配置は直接的に利益につながらないものの，うつ病や企業内の人間関係の不和や退職などによって，企業が受けている経済的損失は莫大な額になっているため，その予防や心理的ダメージ，退職に伴う補充のエネルギーを考慮すると裏方としてのサポート力は潜在的に大きいと予測する。

　本書においても，会社の人間関係により従業員の士気が落ちて職場満足度が低かった会社が，ブリーフセラピーによる上司と部下の情報伝達の工夫により，職場の雰囲気が改善した事例や，また職場の女性のキャリア支援，女性管理職育成について研修等での働きかけ，EAPにおける家族療法，企業におけるハラスメント対策などが紹介されている。

　2012年の「労働者健康状況調査（厚生労働省）」では，大手企業の90％以上が，過去1年間に，メンタルヘルスの不調により1か月以上休

職した社員がいると回答した。うつ病や統合失調症などメンタルヘルスの不調による休職は誰にでも起こりうる身近な問題になっている。メンタルヘルスの不調が原因となる休職者が増える一方，2014年に独立行政法人労働政策研究・研修機構が実施した調査において，メンタルヘルスの不調が原因となり休職した社員のうち42%が休職期間中，あるいは復職後に退職に至ると報告されている。退職の原因には，休職期間が十分になく復職が果たせないこと，症状が改善する以前に早期に復職してしまったこと，復職後の支援体制が十分でないことなどが考えられる。休職する際には家族のサポートが必要であり，復職できないと家族への経済的な影響も大きい。本書でも，復職支援に関わる家族サポートについてや，医師としてどのように復職支援をサポートしているかの臨床の実際が紹介されている。また，過労死の問題についても紹介されている。

近年の産業と家族との関連としてのビックマターは，父親の育休取得推進が法的に整備されたことである。この問題は，国として労働力の確保・維持を図る手段の1つとして，働き続ける女性を増やすことが目指され，これまでの育児とともに退職せざるをえないという選択肢を多様化させるために，男性育休の取得促進が必要とされていることが背景となっている。厚生労働省によると，令和元年（2020年）度の育児休業取得率は女性が83.0%であった一方で，男性が7.48%と低い取得率であった。この状況に対して男性育休の取得推進の検討が進み，2021年6月3日，「改正育児・介護休業法」が成立，2022年に施行された。本書においても，実際に父親育休を取得された立場からの論稿が掲載されている。

最後に，平木典子先生に「組織人のためのアサーション・トレーニング」をご寄稿いただいた。平木先生がどのようにアサーション・トレーニングに出会われたのか，そしてアサーションとは何かについて再度学ぶ機会をいただいたことに感謝申し上げたい。

2022年8月

生田倫子

産業分野に生かす個と
家族を支える心理臨床

I

産業分野に生かす
個と家族を支える実践

組織人のための
アサーション・トレーニング
協働するコミュニケーションを求めて

平木典子

1　アサーションの歴史

　筆者が1970年代に日本に紹介したアサーション・トレーニングは，「自他尊重の自己表現」というアサーションの理念と実践の支援法としてかなり多くの人々に知られるようになった。また，その理念と支援法は，カウンセリングなどの個人的心理支援の中だけではなく，教育現場，職場やコミュニティの集団活動の場などでも，人間関係とコミュニケーションの改善・促進のための心理教育プログラムとして広く活用されている。

　このトレーニングの原型は，北米の心理療法家ウォルピーとラザルス（Wolpe & Lazarus, 1966）により行動療法の一技法として開発された"assertive training"である。対人不安や否定的な自己認知があるため自己表現が苦手だったり，自己表現が苦手なために人間関係をつくる機会に恵まれず，さらに自己表現の機会を失うといった悪循環に陥っていたりする人のために，セラピーの中で活用されていた。つまり，non-assertive（非主張的）な自己表現をアサーティヴな自己表現に変える支援として活用されていた。その技法は，日本では「断交訓練」と訳さ

れて紹介されたことがある。

　ところが，ウォルピーは，この訓練を進める過程で，アサーションを身に着けた参加者たちから，アサーションが通じない人々に出会うことを訴えられた。相手を言い負かすような強い自己主張や一方的な命令などをする人々であり，アサーション・トレーニングは，他者否定的で，aggressive（攻撃的）な自己表現をアサーティヴな表現にする支援として，同時に，このような攻撃的な表現に出会ったとき，アサーティヴな対応をする支援としても必要になった。

　以来，アサーション・トレーニングは，自己表現ができない場合と自己表現が過剰な場合の双方の改善を目指す訓練法になっている。

　その技法が，現在のようなアサーション・トレーニング，あるいはアサーティヴネス・トレーニングとして体系化され，独立した訓練法になったのは，アルバーティとエモンズ（Alberti & Emmons, 1970）による著書 Your Perfect Right : *A Guide to Assertive Living* の初版が出版されたことによる。読者に向かって「アサーティヴネスと平等は，あなたの人生と対人関係における完全な権利です」と呼びかけるサブタイトルは，当時の北米の人間性回復運動，人種や女性差別撤廃運動など，人権擁護運動の後ろ盾ともなり，本書は20か国以上の言語に翻訳され，10回の改訂を重ねながら50年以上にわたって人々が「自他尊重」のコミュニケーションを意識化し，実践する啓蒙書となっている。

　今や，アサーションの意味する「自他尊重の自己表現」という普遍的なメッセージは，コミュニケーションの悩みや問題の支援法としてだけでなく，人々の日常生活全般にわたる関わり，グループ活動や仕事における課題遂行場面での話し合い，さらにより大きな組織や集団内の役割関係や上下関係の中でのやりとりに必要不可欠なコミュニケーションの基本となりつつある。

　筆者は近年，このようなニーズに応えて，企業・組織で仕事をする人のためのコミュニケーションと人間関係の訓練法として，「協働のためのアサーション・トレーニング」を開発・実施している。

　とりわけ，IT 化が進み，グローバルな規模で情報化され，対面の関

わりが少なくなった21世紀は，その多元性と多様性を理解し，受容し，さらに互いに活かし合って創造的な生き方を追求するには，アサーションが不可欠になりつつある。

一方，その多様性や現代の急激な環境の変化や機械化されたコミュニケーションの中で，アサーティヴに向き合えない人々や状況も出現している。さらに，コロナ禍という人類が経験したことのない目に見えない敵に取り巻かれているような状況に出会って，誰もが不確かな情報の下で，言動の選択に自信がなく，非主張的にならざるを得なくなってもいる。また，グローバルな規模で，人権や倫理的な生き方が重視される中で，無意識のハラスメント（人権侵害）の言動などにも注目が向けられるようになり，アサーションはそのような問題の発見と解決の鍵にもなりつつある。

もちろん，無意識の人権侵害は，既に問題になっている人種や性，階級などだけではなく，身近なところでは，役割，地位，年齢など上下関係や権力関係がある場や，知識・情報・経験の格差のある人々の間で，自己表現できない人と自己主張が強すぎる人との不公平な関わりの連鎖が起こっている。それは，虐待やいじめ，引きこもり，自死などになって現代の課題となりつつある。

本稿では，「協働のためのアサーション・トレーニング」（CAAT＝Collaborative Approach in Assertion Training）と呼ばれている訓練の理念と方法について紹介し，アサーションという自己表現が，社会文化的多元化と多様化を背景にした21世紀の日常に，いかに必要，かつ有用であるかを考えることにしたい。

2　あらためてアサーションとは

アサーション・トレーニングとの出会い

筆者がアサーション・トレーニングを日本で最初に紹介したのは1982年，大学の学生相談所の常勤カウンセラーをしていたときである。ア

サーション・トレーニングを知ったのは1975年，北米でロジャーズによって開催された100人規模の2週間のカウンセリング・ワークショップにおいてである。たまたま昼食で同席した他のグループに参加している人たちが，アサーション・トレーニングを受けていると言う。行動療法の一技法が，数日間のコミュニケーション訓練として体系化され実施されていること，さらに，北米ではすでに上記の著書を含むアサーション・トレーニングに関する著書が出版されていることを知り，早速，数冊を買い求めて帰国したのだった。

　その後，1982年に大学の研究休暇を利用して，カリフォルニア州立大学で家族療法とアサーション・トレーニングを学ぶ機会を得た。帰国後，まず，学生のためのアサーション・トレーニングのプログラムを開発し，さらに，一般の人々のための基礎的アサーション・トレーニングを実施してきた。その後，対人支援職のためのもの，組織人のためのものなどを開発実施してきたが，それぞれ数回の改訂を経て，「協働のためのアサーション・トレーニング」となった。

協働のためのアサーション・トレーニングの構成

　アサーション・トレーニングは，とらえどころのない人間関係やコミュニケーションを非主張的（non-assertive），攻撃的（aggressive），アサーティヴ（assertive）と分類してみることでわかりやすくなり，また，自分のコミュニケーションの在りようを，かなり付帯的に自覚しやすくもなる。この３つの自己表現のスタイルは，どのトレーニングにおいても，基礎となるものである。

　多くのトレーニングは，北米でも他の国でも理論編と実習編から成り，理論編は，①アサーション理論，②認知（ものの見方）とアサーション，③人権とアサーション，④言語レベルのアサーション，⑤非言語レベルのアサーションの５つの要素が紹介され，アサーション全般について学ぶことになる。実習編は，ファシリテーターの支援を得ながら，参加者各自のアサーションの問題や課題を小グループでロールプレイをしながら，体験学習し，各自がアサーティヴな表現法を習得していく。小グ

ループによる相互支援は，それ自体がアサーティヴな表現の試みの場と
もなり，とりわけメンバー同士が多様なアサーションの場面を試み，互
いに相手の役を演じる経験をしてみることは，各自のアサーション力を
高める機会にもなる。

　以下に，筆者が近年試みている組織人を対象とした「協働のためのア
サーション・トレーニング」の構成と進め方を述べる。アサーション・
トレーニングが単なる表現法の訓練だけではなく，その表現が現場で果
たす機能について理解し，さらに心理教育的要素を含む統合的なコミュ
ニケーションの支援法であることを確認したい。

1）アサーション理論

　このセッションでは，アサーション・トレーニングの目的が自他尊重
の自己表現であることを伝え，自己表現の３つのスタイルを区別して理
解し，各自の自己表現についてふり返る機会を提供する。講義のほかに，
演習では，各自の自己表現を含めて３つの自己表現のスタイルについて
具体例を検討しながら，考える時間をもつことになる。

2）認知（ものの見方）とアサーション

　このセッションでは，人間が社会の中で身に着けてきたものの見方・
考え方が自己表現に及ぼす影響について理解する。小グループで，「人
を傷つけてはいけない」，「誰からも好かれるようになるべきだ」など，
さまざまなものの見方をめぐって，各自が同意できるか否かの程度を伝
え合う。その結果，各自のものの見方，考え方が違うことを再確認する
ことになる。また，その違いは各自の家族や地域，年齢や性などの社会
文化的背景の産物であること，したがって「違い」は「間違い」ではな
いことに気づく。さらに，認知と言動が個人内では相互作用しているこ
となどを意識化する機会となる。

3）人権とアサーション

　このセッションでは，まず，人は誰でも自己表現してよいこと，それ
は所与の権利であり，実際，日常生活では表現しないと互いにわかり合
えないことを再確認する。また，世界人権宣言にある表現の自由・権利

はアサーション権のことであり，「欲しいものを要求してよい権利」「依頼を断ってもよい権利」「自己表現しない権利」など，日常生活に関わる身近なアサーション権を通して，人権の意味を知り，確信し，行使することの重要性を自覚していく。この作業をすることにより，堅苦しい人権という言葉と概念は身近なものとなり，参加者は自己信頼（自信）を得ていくことで，アサーションがしやすくなる。

4）協働に生かすグループ・プロセスのスキル

このセッションは，人々の日常や組織，集団で起こっていること（グループ・プロセス）について学ぶ時間である。アサーションの考え方とスキルを活用する場では，さまざまなやり取りが行われるが，そのやり取りは個人や集団にどのような影響をもたらすか，その相互作用によって集団はどのように動き，どのような機能を発揮していくか，逆に，どのような動きや影響が個人や集団の機能を低下させるか，について学ぶことになる。その学びは，日常生活に戻ったとき，アサーションを生かすタイミングやスキルを意識化する助けとなる。

小グループにおける討議と討議中の人々の非言語的動きが，他者やグループにもたらす効果（グループ・プロセス）を意識化する助けをすることは，メンバーにとって，これまで意識しなかった自分の発言や動きの機能や意味，効果を理解することを可能にし，その後の言動の促進剤になる。また，他者の言動の意味や効果も理解できるようになるため，集団活動における相互作用がよりスムースに進むようになる。

グループ・プロセスの視点から人々の発言や動きを理解すると，それらは一つひとつ多様な役割や機能を果たしていることになり，それを意識して動いている集団とそうでない集団では，個人の特徴や能力を活性化する動きと活用に違いがあるだけでなく，その相互作用による集団活動の創造性にも違いが出てくることもわかる。

このセッションは，アサーションの考え方とスキルを職場や集団活動の場で，いつ，どのような活動の推進のために活用するかという目的意識を高め，人々が共通の目的に向かって共に各自のもてる力を出し合う動きを促進する。つまり，アサーションは，ただ，自分の気持ちや考え

を表現することではなく，その場の人間関係や状況，人々の役割や機能に応じて活用されることになる。

　アサーション・トレーニングの中に，言わば，人々の現実の生活場面でのアサーションの役割・機能という視点を取り入れることで，自己のアサーションの効果を観察し，分析し，次の活動に適用する展望をもつことができるようになる。さらに，自他の特徴を意識し，生かした機能を相互に発揮し合い，補い合うことによって，集団活動が人々の総和以上の力になることもわかる。このプロセスの体験は，とりわけ，各自の得意な動き，他者の機能を活かしたリーダーシップの取り方などの参考にもなる。

　さらに，その体験は，課題達成のためには，課題に関与するだけではなく，目に見えないところで，無意識のうちに各自が果たしている人間関係づくりや，関係回復・維持などの動きがあることに気づくことにもなる。ふと漏らした「困ったなー」という一言が，他の人に安心感を与えたり，援けようという気持ちを起こさせたりして，グループの雰囲気にゆとりや関係づくりへの動きをもたらすことなどは，無視されやすく，また不必要な発言だとみなされやすい。課題達成に集中して知的活動に偏った動きをしている集団では緊張と集中力が求められるが，そこにふと一息つくことができる発言をするか，しないか。関係維持的機能を発揮することができるか否か。その気づきは，現実の仕事の中では，課題達成機能と関係維持機能が調和して働くことを促し，「今，ここ」で，タイムリーに，どの機能を発揮するかを選択して動くことの意識化につながる。

　自分らしさを活かし，プロセスと機能を意識したアサーションは，現実の活動場面では，まさに創造の刺激であり，同時に他者の他者らしさを活かす刺激にもなるだろう。

5）アサーティヴな台詞づくり

　2日間の最後のセッションでは，そこまでの4セッションを踏まえて，具体的にアサーティヴな台詞づくりの方法を学ぶ。セッションでは，あるアサーションの事例の場面を想定して，基本的な台詞づくりの方法に

従って台詞をつくる。個人が作成した台詞は，小集団で，さらに練り上げられ，その台詞が発表される。そのプロセスは，アサーティヴな台詞が各自の内面の思いと自己確認，そして他者への配慮により，慎重で適切な言葉の選択によってつくられ，同時に，その台詞づくりのプロセスは，まさに各自がアサーションを実践し，協働を試みた場にもなっている。

3　アサーションの意義と未来

　これらのプログラムは，12名から24名以内の参加者による2日間の研修として実施され，講義，体験学習，ふり返りの組み合わせにより構成されている。体験学習とふり返りは，各セッションの特徴により3人から6人の小グループで進められ，その後，全体での分かち合いがある。

　参加者は，そのプロセスでも，アサーションについての理解はもとより，アサーションは人間の認知の表現であり，その認知は多様性と独自性をもっており，それゆえにアサーションが必要であることを学ぶ。

　それは，人の話をよく聴き，理解する必要性の確認にもなる。ナラティヴ・セラピーでは，人の発した言葉は「意味の候補」だと言われる。アサーションのやり取りは，自分なりに意味の候補を伝えてみて，相手はその人の意味の候補と照らし合わせながら自分の意味の候補を発信して，相互理解を深めるやり取りなのだろう。そのやり取りでは，それぞれの思いや意味が共感的に理解されるだけでなく，2人の意味が新たに創られていくプロセスも進むのではないか。

　また，自己の認知を言語化し，他者の認知を理解して分かち合うプロセスでは，「違っていること」を「間違い」にしたり，怖れたり，排除したりすることなく，各自が生きる世界を自分は自分らしく，相手は相手らしく創りながら，共に分かち合い，理解し，協働を探ってくことになるのだろう。そのプロセスを一人ひとりが歩み続けることで，互いが自分らしさを育て，その資源を活かし合った自己生成と関係づくりのプロセスに開かれていくのではないだろうか。

集団の中では個々人の発想と発言が課題を達成したり，人間関係を維持・回復したりする機能となり，協働が推進され，より大きな課題が成就され，安心・安定の環境が創られていくのだろう。私たちは，自分の発言や動きの役割・機能を自覚してアサーティヴな発言をしたいし，他者の果たす発言や機能の動きにも関心をもちたいものである。

　最後に，筆者が行っている「協働のためのアサーション・トレーニング」研修のねらいを記して，本稿の結びとしたい。

「協働のためのアサーション・トレーニング（CAAT）」では：
　① 　アサーションという自他尊重のコミュニケーションの考え方と方法を学び，
　② 　その理解により，人間関係の場で積極的な自己表現をできるようになって，相互理解を深め，
　③ 　自分らしさと相手らしさを尊重した率直なやり取りを促進し，
　④ 　仕事や小集団活動の場で協働の可能性を開き，
　⑤ 　質の高い人間関係と課題達成を目指す。

参考文献

Alberti, R. E. & Emmons, M. L.　1970　*Your perfect right : A guide to assertive living.* Impact Publishers.

アルベルティ，R. E, & エモンズ，M. L.(著)　菅沼憲治・ジャレット純子(訳)　2009　改訂新版　自己主張トレーニング．東京図書．

平木典子　2007　図解　自分の気持ちをきちんと〈伝える〉技術—人間関係がラクになる自己カウンセリングのすすめ．PHP 研究所．

平木典子　2012　アサーション入門—自分も相手も大切にする自己表現法．講談社現代新書．

平木典子　2021　三訂版　アサーション・トレーニング—さわやかな〈自己表現〉のために．日本・精神技術研究所(発行)．金子書房(発売)．

平木典子(著)　星井博文(シナリオ制作)　サノマリナ(作画)　2015　マンガでやさしくわかるアサーション．日本能率協会マネジメントセンター．

平木典子・金井壽宏　2016　ビジネスパーソンのためのアサーション入門．金剛出版．

Wolpe, J. & Lazarus, A. A. 1966 *Behavior therapy techniques : A guide to the treatment of neuroses.* Pergamon Press.

キャリアと家族支援における 21世紀の課題

水 野 修 次 郎

はじめに

　ライフキャリアをめぐるカウンセリングは，1990年代より大きな転換期を経験した。例えば，スーパー（Super, 1990）によるとキャリア発達は，探索―確立―維持―下降という大きなサイクルで発達するとされた。ところが1990年代ころから，生涯にかけての１つの大きなサイクルというよりは，いくつかの複数のミニサイクルを繰り返すように変化した。その理由としては，米国における転職の回数が増加したことに原因がある。日本でも2019年には，転職を希望する人数は351万人と過去最高数になった（総務省，2019）。1990年以前には，新卒で入社した人は会社における10年後のモデル，20年後のモデルが存在していて，自分の未来をある程度予測することが可能であった。ところが，働く人をどの会社にも縛り付けることない無境界キャリア（Arthur, 1995）が進展してきて，職務，組織，産業の壁を越えて動くキャリアが実現したからである。多くの会社は，もはや生涯雇用でなくなり，社内でのキャリアアップトレーニング（OJT）は少なくなり，キャリアアップは自律する個人の責任として課せられるようになった。厚生労働省もエンプロイアビリティの向上が必要と指摘して，最近では，セルフリーダーシップやキャリア自律の育成を強調している。

1940年代のキャリアは，産業社会が求める人材を効率よく見つけるために，個人の特質や能力を客観的に測定して，その特色や能力に適合する職業をマッチングすることで適材適所が実現すると想定していた。1970年代の産業社会では，会社内の階層を登るという官僚社会の典型がキャリアモデルであり，産業社会に生きる同じタイプの人間を大量生産するという課題があった。21世紀は，まったく様相が変わってきた。働く世界が変幻自在（Hall, 2002）になり，個別性，特殊性，さらに多様性が尊重されるようになる。生涯同じ仕事をする時代ではなくなり，働く人には，生涯にわたり雇用される能力を維持する責任が課せられることになる。

1　第四次産業革命の進行

　これらの傾向は，第四次産業革命の進行に従いIT技術が発達したので，働き方に変化が生じて好きな時に好きな時間だけ働くというスタイルが増加している（内閣府，2017）。また，人間の働く仕事の一部が，AIによって代替される可能性も生じてきた。産業界は未来からの衝撃への防御（future proof）に対応する必要がある。筆者の経験では10年前には，米国入国の際には多くの入管職員による入国審査のブースがあったのが，現在はロボットによる審査に置き換えられている。

2　キャリアカウンセリング理論の変化

　21世紀になり新しいキャリア理論が登場している。まず，人間の年齢段階に即したライフサイクル理論からライフコース理論への転換である。ライフサイクルは，生活周期（生活環境）ともいい，個体の出生，成長，死亡という時間経過による規則的変化の過程のことである。ライフコースの概念では，人生はあらかじめ決まった配列で必ずしも進行せず，時間の経過においてさまざまな出来事や役割を考慮して進むとする。エルダー（Elder, 1998）によると，ライフコースは生涯を通じてのいくつか

の軌跡（trajectory）であり，人生上の出来事（events）についての時機（timing），持続時間（duration），配置（spacing）が影響を与えるとしている。

　次に安定して段階的に発達するキャリア発達理論から，不確定で不安定なキャリア発達をポジティブに解釈するキャリア理論が登場した。キャリアカオス理論（Pryor & Bright, 2011）は，次の論点を強調する。

- 失敗を認識しノーマル化する—私たちの計画のすべてが成功するわけではないことを教えている。
- 失敗経験を内面化しないことで失敗するという恐れに対処する。
- 限界を受け入れる—自分ができないことを学ぶ必要があるかもしれない。
- 不完全性を容認する—完全主義の危険性を認識する。
- 緊急時対応計画—常に他の選択肢がある。
- 継続的なモニタリング，評価，計画—キャリア開発は継続的であり，変化もある。
- 失敗を尊重する—失敗は他のどのようなスキルや特性を伸ばす必要があるかについて教えてくれる。
- リスクを修復する—行動のための新しい選択肢を開発するための基礎としての「難破船を救助する」可能性を探求する。
- リスク許容度の調査—リスク許容度のレベルを理解する。
- 機会意識の向上—さまざまな可能性を追求する機会の存在を意識する。

　次にキャリアカウンセリングには社会構成主義を基盤とするキャリア理論が登場した。社会構成主義理論は，カウンセラーとクライエントの協働によって問題の意味や解決方法を構成する特色がある。ソシオダイナミック・カウンセリング（Peavey, 2006）は，ストーリー構成による意味の創造，クライエントの主体的な文脈理解や独自性や多様性を尊重して，専門用語の代わりに，日常の会話を使い，可能性に注目して精神病理学の用語の使用を避ける。カウンセリングの方法は，会話，作文，図によるリアリティの見える化などの複数の創造的方法を用いる。本稿

では次の3つの手法を紹介する。

①ライフスペース拡張：ライフスペースは心の中にある空間で身体的な空間，活動する空間，心の空間，人と共に住んでいる空間，各人が所属する文化によって決められた空間，コロナ禍のように特定の時代の問題で制限されている空間などがある。心に余裕がある場合は，スペースがある状態になり，さまざまな選択肢が見える。ところが，スペースが狭くなると，選択肢が見えなくなり，息苦しくなり，余裕がなく，せっぱつまった焦りを感じる。

②自己アイデンティティの強化：強化された自己は関係性を再構築する。具体的で明確化を促進する質問を用い，「それはどのような意味ですか？　あなたにとって大切なところはどこですか？」などと関係性や意味を探求する質問を用いる。重要なスキルとして，受け身の傾聴（listen to）よりは聞き出す（listen for）スキルの活用がある。さらに，経験，状況，行動，視点などをより豊かに表現された語りとして再構成するように促す。

③自己の中にある多様な意見に耳を傾ける：自己は，すべてのディベート，意見の相違，派閥の争い，言葉上のスパーリングを伴っている議論する政治フォーラムと喩えることができる。次のIポジションが活躍する（Hermans & Gieser, 2012）。

- メタポジションは，カプセル化しているそれぞれの個別のIポジションからある程度離れた場所から包括的に眺める位置を占め，個別のIポジションを認識して，整理して，自己の将来の発展のために個々のIポジションの信憑性と凝集力を評価する。
- サードポジションは，2つ以上の競合するIポジションが，一方が優勢になるのではなく，両方の重要な側面を受容する新しい位置として調整されたときに出現する。
- プロモーターポジションは，Iポジションの多様なコミュニティを統合し，方向性を示し，革新を起こす刺激を与える。

3　ライフデザインカウンセリング

　本項では，キャリア構成理論（Career Construction Theory：CCT）（Savickas, 2015）を論じて家族支援との関係について考察する。

　CCTの特色は，2つある。①クライエントの人生・キャリアに継続性と一貫性のある意味づけをする援助ができる，②クライエントのアイデンティティストーリーに適合した人生の構成を援助できる。

　CCTは，ストーリーを語ることでキャリアを構成するという一連のカウンセリング・プロセスで説明できる。断片的に語っているマイクロストーリーは，やがて意味が一貫するマイクロストーリーとして構成されていく。マイクロストーリーでは，語る人のライフテーマが人生の生きる意味として語られる。

　ライフデザインカウンセリングは，次の3つの能力を育成する。

　①ナラタビリティ（narratability）：語りの内容を豊かに語る能力。

　②バイオグラフィシティ（biographicity）：自伝を語る能力。

　③アダプタビリティ（adaptability）：次の4つの要素で構成される。

　　未来との関係（concern），未来への好奇心（curiosity），未来のコントロール（control），未来への自信（confidence）。

4　キャリアは，個人のプロジェクトか家族のプロジェクトか？

　サビカスによると個人は幼年時代（3〜8歳）ごろまでに社会から特定のモデルを自己に取り込む。大好きで尊敬するキャラクターは，近所の人であり，アニメのキャラクター，物語のヒーローやヒロイン，学校の先生が多い。これらの人格特性は取り入れた人に同化されて，個人の強み（strengths）となっていく。さらに，幼児期に起きたエピソードは個人の情緒体験のベースとなり，それからの人生を眺めえるある一定の視点や情緒的な基盤を形成する。

幼児期の体験によって構成された基本的な情緒体験は世界を眺める個人の独特な視点となる。この視点はある種の捉われ（preoccupation）となり，受け身的に苦しんでいたことを積極的に習得して能動的な動機に転換することで，人生をより満足して幸福に感じるものにしていく。例を挙げれば，子どものころ受け身的に苦しんだ人（victim）は積極的な勝利者（victor）に，孤独感は社交的に生きるに転換される。同様に，怖れは勇気に，こだわりは専門家へと転換される。幼児期に束縛感を感じていた人は，自由な人になりたいという思いに転換される。表現のできなかった少女は豊かに自己表現できる女優になる。

　不確定で不確実な現代社会では，個人は自分の人生を意図的に企画（デザイン）するという課題が課せられている。個人は人生を企画するプロジェクトとして生きるように期待されている。キャリアは会社に就職して会社のメンバーシップを得ることで完結するわけではなくて，自律したキャリア，キャリアオーナーシップ，セルフリーダーシップなどとさまざまに呼ばれるジョブ型のキャリアとなっていく。

　ここで紹介したいのが The Do You Know Scale（Duke & Fivush, 2010）である。この尺度は家族についての20の質問から構成されている。質問では，両親の結婚の背景，両親の学校生活，若いころの失敗経験，祖父母の結婚や親せきの評判などをどの程度知っているかを問われる。これらのほとんどの質問に YES と回答した青少年のアイデンティティは，よく統合されていて幸福感が高いことが判明した。

　子どもは両親を意図的に選んだわけではない。しかし，子どものパーソナリティには，それぞれあこがれていたロールモデルの特徴が取り入れられて同化されている。クライエントが親について語る時は，親に対する愛着が語られる。家族は，子どもにとって最初のコミュニティとなる。サビカスは，家族についてのストーリーを豊かに語れるかどうかに注目する。両親が子どもの成長を見ている証人になり観察者となり，子どもにフィードバックする。ナラティブカウンセリングは観察者や証人の役割を大切にする（White, 2007）。人は，観察者や証人がフィードバックする情報によってアイデンティティを形成する。自伝的に自己の

ストーリーを豊かに語る力がアイデンティティの強さを表現する。家族カウンセラーは，すでに知っていることだが，職業は個人プロジェクトであると共に家族のプロジェクトである（Savickas, 2016）。

5　家族と職場のストレス関係

　働く人の健康を守るために職場でのストレスチェック制度が2014年度に導入された。公認心理師もストレスチェックテストの実施者になれるので，この制度への直接参加ができるようになった。米国国立労働安全衛生研究所（National Institute for Occupational Safety and Health：NIOSH）の職業ストレスモデルによると，職場のストレス要因は個人的要因，職場・家庭からの欲求，社会的支援（上司，同僚，家族）などの関連で，急性ストレス反応が現れて，時には疾病につながるとする。ところが，ストレスチェックテストは職場要因のみ測定して，家族から職場へのストレスは測定しない。
　家族から職場へのネガティブな影響として，家族と職場とのコンフリクト，役割負担，仕事ストレス，業績不振などが考えられる。一方，ポジティブな影響として家族からのサポート，お互いにいい影響を受ける，業績が高まるなどがある（Korabik et al, 2008）。最近では，地位や財産による幸福は長続きがしないとして，ウエルビーイングを第一にする企業の社員がズバ抜けて幸福度が高いという研究が発表された（前野，2019）。幸福な社員が所属する会社は，「まるで従業員全員が家族のような会社」「個人の力を最大限に生かす会社」「次世代型の組織形態（ノルマなし，フラットな人間関係など）」「自由な働きかたをとことん追求する会社」などと表現されている。共通するのは，いかに生きるかを問う，幸せファーストである，強いつながりよりも弱いつながりによる孤独の防止などがある。
　日本で仕事と家族を論じる場合には，独特な問題が浮上する（筒井，2015）。諸外国と比較すると働きづらく子どもを産みにくいという現象である。数値でみると生涯未婚率は男性で25％，女性で16％，特殊出生

率は2020年で1.34となっている。働きにくいことは，非正規雇用率は全体の雇用の37.2%という高水準であり，その7割を女性が占めていることからもわかる（厚生労働省，2021）。

　仕事はいわゆる賃金を生じる市場型の仕事と非市場型の仕事がある。賃金を生じない労働には，ケア，ケアリングの関係する仕事，介護や育児があり，ケアとケアリングが主に女性の仕事になっている。このように，未婚や出産にかかわる因子として，文化によるジェンダー観が考えられる。ブルーステイン（Blustein, 2006）は，仕事はメンタルヘルス維持に大きな影響があるとした。そして，すべての人が働きがいのある人間らしい仕事（decent work）を得るべきであるとして，仕事は基本的なニーズ，生き残りと力のニーズ，社会的結合のニーズ，自己決定するニーズを満たすとして，仕事のウエルビーイングが高い人は，生活のウエルビーイングも高いことを証明した。

6　中高年者への挑戦

　日本では2022年に特に顕著になってきた課題として，中高年者へのキャリアカウンセリングがクローズアップされてきた。産業構造の変化によって，働く人の意識は大きく変化した。定年退職が延長されて65歳から70歳まで働くように意識されてきた。一方，会社で管理職にならなかった人は，50歳からどのように働くかが問われ始めた。一流大学卒で一流企業に就職した人たちも40代の後半から高評価組と低評価組に分類される。生涯にわたり働く意欲を維持するという難しい時代が到来したともいえる。ある意味では，生涯キャリアマネジメントが課題となる。社会構成主義カウンセリング（Tomm, 1988）は，カウンセリングによる介入を次のように変化させようと提案した。

- 直線的質問から状況を明確にする質問へ
- 循環質問から別視点で見える質問へ
- 内省質問から可能性を引き出す質問へ
- 戦略や行動を明確にする質問から開始できる行動を明確にする質問

へ

　生涯キャリアマネジメントという視点からは，時間軸を過去から未来に動かして，さらにメタ認知（認知の認知）を刺激する質問をするように提案された。キャリアカウンセリングでは，過去何をして何ができるかを問うのではなくて，どのような未来を構築したいかを問う。また，過去の行動を振りかえって内省を促し洞察を得るという質問ではなくて，可能性を創造する質問へと転換する。過去のキャリアカウンセリングは新しい挑戦に対して戦略を練ることに時間を割いた。しかし，今や何かを始められるように，新しい創造的な行動を開始できるようにカウンセリングを進める。

　メンバーシップ雇用からジョブ型雇用に転換して，自律したキャリア，セルフリーダーシップなどの個人責任による生涯キャリアマネジメントという課題を突き付けられている。働く意欲が欠けて，キャリアエンゲージメントが低くなると幸福感が減少する。

　さらに詳しくは，水野・長谷川著『仕事に満足していますか？』（2021年，福村出版）を参照してほしい。現代キャリア課題とアイデンティティや発達課題に焦点を当てて書き下ろしました。

文　献

Arthur, M.　1995　*The boundaryless career : A new employment principle for a new organizational era.* Oxford University Press : New York.

Blustein, D. L.　2006.　*The psychology of working : A new perspective for career development, counseling, and public policy.* Routeledge : New York. ［渡辺三枝子（監訳）　2018　キャリアを超えて　ワーキング心理学—働くことへの心理学的アプローチ．白桃書房．］

Duke, M. P. & Fivush, R.　2010　*The Do You Know Scale.* www.journaloffamilylife.org/doyouknow.html.

Elder, G. H. Jr.　1998　The life course and human development. In Lerner, R. M.（Ed.）*Handbook of child psychology, Vol. 1 : Theoretical models of human development*（6th ed, pp. 665-715）. Wiley : Hoboken, NJ.

Hall, D. T.　2002　*Careers in and out of organizations.* Sage : Thousand Oaks. CA.

Hermans, H. J. M. & Gieser T.（Eds.）　2012　*Handbook of dialogical self-theory.* Cambridge University Press : Cambridge.

Korabik, K., Lero, D. S., & Whitehead, D. L.（Eds.）2008 *Handbook of work-family integration : Research, theory, and best practices.* Academic Press : London, UK.

厚生労働省　2021　各種統計調査．https://www.mhlw.go.jp/toukei_hakusho /toukei/index.html.

前野隆司　2019　幸せな職場の経営学―「働きたくてたまらないチーム」の作り方．小学館．

水野修次郎・長谷川能扶子　2021　「仕事」に満足していますか？―あなたの適職・天職・転機がわかるライフデザイン・ワークブック．福村出版．

内閣府　2017　第1節　第4次産業革命のインパクト―内閣府　www5.cao. go.jp/keizai3/2016/0117nk/n16.2.1,html

Peavy, V. R.　2006　*Socio dynamic counseling : A constructivist perspective.* Trafford : Milton Keynes, UK.

Pryor, R. & Bright, J.　2011　*The chaos theory of careers : A new perspective on working in the twenty-first century.* Routledge : New York, NY.

Savickas, M. L.　2011　*Career Counseling.* APA : Washington, D. C.［日本キャリア開発研究センター（監訳）　乙須敏紀（訳）　2015　サビカス　キャリア・カウンセリング理論―〈自己構成〉によるライフデザインアプローチ．福村出版.］

Savickas, M. L.　2015　*Life design counseling manual.*［日本キャリア開発研究センター（監修）　水野修次郎（監訳著）　加藤聡恵（訳）　2016　サビカスライフデザイン・カウンセリング・マニュアル―キャリア・カウンセリング理論と実践．遠見書房.］

総務省　2019　統計トピックス，No. 123　https://www.stat.go.jp/data/roud ou/topics/top/1230.html

Super, D. E.　1990　A life-span, life-space approach to career development. In Brown, D. & Brooks, L.（Eds.）*Career choice and development : Applying contemporary theories to practice*（2nd ed., pp. 197-261）. Jossey-Bass. : San Francisco, CA.

Tomm, K.　1988　Interventive interviewing : Part Ⅲ. Intending to ask lineal, circular, strategic, or reflexive questions? *Family Process, 27* pp. 1-15.

筒井淳也　2015　仕事と家庭―日本はなぜ働きづらく，産みにくいのか．中公新書．

White, M.　2007　*Maps of narrative practice.* WW Norton & CO : New York, NY.［小森康永・奥野　光（訳）　2009　ナラティブ実践地図．金剛出版.］

産業分野における個と家族支援に関わる制度

高橋美保

1　はじめに

労働者は誰か

　産業分野における個と家族支援に関わる制度という壮大なテーマを論じるに際し，まずはキーワードとその関係性を整理しておきたい。フィールドは産業分野ということなので，クライエントが問題や症状を呈する現場は，企業や会社など働く場であろう。そして，そこに登場する個は恐らく労働者であり，本稿ではさらにその家族にも光を当てる。

　また，フィールドには労働者が所属あるいは経営している企業などの組織が存在している。さらに，その背景には，企業や組織が経済活動を営むコミュニティや社会があり，そこには国も想定しておく必要もあるであろう。まさに労働者を基点として，同心円状に様々なシステムが関連し合っている状況が想定される。

　では，基点となる労働者は誰なのだろうか。伝統的な近代家族をイメージするなら，労働者は夫（父親）のことを指し，その家族は妻（母親）と子どもと捉えるであろう。しかし，総務省統計局の労働力調査によれば，近年，女性の労働者は2010年の46.3％から2020年には51.8％と

増加していることから，この労働者は妻（母親）である可能性もある。また，労働者の家族は婚姻家族だけではなく，源家族であることもある。教育機関卒業後間もない若年労働者や，あるいは近年増加している中高年の未婚者の場合には，源家族の子どもが労働者であるという場合もある。

　このように，家族成員のライフステージによって，家族の構造自体も変わってくるが，企業と家族を結ぶ労働者の立場に位置するのは，労働力人口に含まれる15歳以上の家族成員であれば誰もがなりえるであろう。ただし，企業と雇用契約を結ぶのは労働者であり，当然のことながら，労働者の家族は企業とは直接的な雇用関係にはない。企業の家族支援において重要となるのは，後述するように，家族成員が労働者の被扶養者であるかどうかである。

企業─労働者─家族の関係の変化

　しかし，歴史的には，特に伝統的な日本の企業社会は労働者の家族も企業の一員と見なすような関係性を築いてきた。木本（1995）が企業社会は性別分業を前提とした近代家族モデルを企業内福祉厚生制度などによりバックアップしてきたと述べるように，戦後の日本の経済発展の文脈の中では，企業は労働者の背後にある家族を重視してきたと言える。間（1979）が経営家族主義と述べるように，日本の企業は福利厚生などの企業福祉によって，従業員だけでなくその家族を丸抱えにしてきたという歴史的背景がある。筆者自身が2005年頃に実施した非自発的離職者を対象とする研究でも，労働者にとって企業が疑似家族として語られていた（高橋，2008）。いわゆる終身雇用や年功序列を基本とする日本の雇用慣行を前提とした企業社会では，労働者にとって自身の家族を守ってくれる企業そのものが家族のような存在であったと言える。

　しかし，現代では個人の働き方や生き方そのものが変化している。上述のように実際に，女性の就労が増加しているという事実は，女性を専業主婦と見なす伝統的な家族形態にも影響を及ぼしている。さらに，婚姻においても晩婚化や未婚化が進んでいる現代においては，家族そのも

のの形も多様化しつつある。

　また，労働者と企業の関係にも変化が見られる。雇用形態においても非正規雇用が増加しており，かつてのような終身雇用は良くも悪くも崩壊しつつある。特に近年では，「働き方改革」の実現に向けた動きが加速しており，長時間労働の是正や雇用形態に関わらない公正な待遇の確保，柔軟な働き方がしやすい環境の整備，ダイバーシティの推進などが進んでおり，労働者の働き方も企業のあり方も変化している（厚生労働省ホームページ　「働き方改革」の実現に向けた厚生労働省の取組み）。その背景には少子化や高齢化が進み，労働力不足が深刻化しているという社会的背景があり，女性や高齢者，障害者の就労を後押しすることによって，日本の産業構造を維持する必要に迫られている。

　このように，個人と家族，企業，国はシステムとして相互作用し合いながら，時代の中で変化している。このような労働者を介した国と企業と家族の関係性を社会的にも，個人の意識的にも結び付けているのが制度である。以下では，まずは社会保険制度という次元から，企業と個人と家族がどのように位置づけられているのかを確認する。その上で，働く人のメンタルヘルスに焦点化してその支援における家族との関係性を確認した上で，本人に対する支援と，家族に対する支援を整理する。

2　国の社会保険制度と家族

　社会保険には，医療保険である健康保険と年金保険である厚生年金保険がある。健康保険には，病気やけがをした時の療養費に加え，出産の一時金や，死亡時の埋葬料，退職後の給付があるが，その多くは労働者本人である被保険者だけでなく，被扶養者としての家族（一定範囲内の親族）も対象となる。被扶養者は，被保険者の収入によって生計を維持されていることや同一世帯に属することに加え，年収が130万でかつ被保険者の年収の2分の1未満であるなど一定の条件が必要である。

　また，厚生年金は民間企業の労働者や公務員を対象とする公的年金制度であるが，労働者が高齢となったり，障害が残ったり，死亡した場合

に，年金や一時金を支給することで労働者と家族の生活の安定が図られる。被扶養配偶者の場合には，社会保険料を納めずに国民年金を受給することができるが，年収が一定金額を超えると社会保険料負担が発生するため，一定額内に抑えた働き方をする人もいる。また，一定の条件の下で被扶養者や子どもなどの家族に応じて，手当を支給する企業もある。

　このような扶養家族を前提とした国や企業による経済支援制度が，家族の働き方や家族の構造，そして家族の関係性に影響を及ぼしてきたと言えよう。私たちは，個として，ある意味では国や企業の政策や制度をうまく活用して自律的に働き，生きていると言えるが，ある意味では潜在的にはこれらに縛られて生きているのかもしれない。

3　労働者のメンタルヘルスケアと家族

　このような個人と家族と企業との関係が安定的に機能するためには，労働者としての個人が健康で働き続けることが前提となる。しかし，Bio-Psycho-Social モデル（生物−心理−社会モデル）を持ち出すまでもなく，労働者は社会的に生きているだけでなく，心や身体を持った存在でもある。企業には，このような労働者の心身の健康を保持増進することが求められており，特に近年では，労働者のメンタルヘルスケアが重視されている。

　メンタルヘルスケアの直接的な支援の対象は労働者であるが，実際に企業内で心理相談をしたり，あるいは企業の中でなくても働く人の心理支援に関わると，労働者支援の中で家族が重要な役割を果たすことがある。例えば，自傷他害の疑いがある場合には，家族へのコンタクトが必要となることがある。また，心身の問題を呈する労働者に対する理解を求めるために，家族の理解や協力が重要となる。さらには，例えば，労働者が過労死をした場合には，家族が訴訟を起こすということもある。つまり，家族は企業にとって間接的なステイクホルダーと言えるであろう。

　一方，労働者自身に問題はなくても，家族の状況によっては，労働者が十全に労働に従事できないということもあり得る。例えば，ライフス

テージによっては家族の育児や介護が必要となることもある。構造としては，家族を何らかの形で支援する労働者を，企業が支援することとなる。労働者に対するメンタルヘルス支援や，家族に対するケアワークを行う労働者に対する支援は，職場の上司や同僚の個人的な理解や心掛けという善意だけで行われるものではなく，法律や制度によって規定されている。以下では，本人に対する支援と家族に対する支援に関する法律や制度を見ていきたい。

4　本人に対する支援

労働者に対する労働衛生対策

　基本的なこととして，事業者は様々な労働衛生対策を講じなければならない。そのためには労働衛生管理体制の整備や健康診断などの健康管理，職業性疾病予防対策などに加え，心身の健康やメンタルヘルス対策を行う健康の保持増進や過重労働による健康障害防止対策などの健康確保対策を行う必要がある。

　心身の健康保持増進を目的とした対策は，1988年に示された「事業場における労働者の健康保持増進のための指針」に基づく「トータルヘルスプロモーションプラン：THP」の推進に始まる。THPは労働者の生活状況調査や医学的検査などの健康測定と，運動指導，メンタルヘルスケア，栄養指導，保健指導を実施するものである。その後，2000年以降メンタルヘルス対策を重視した指針が策定され，2006年には「労働者の心の健康の保持増進のための指針」が制定された。この指針では，セルフケア，ラインによるケア，事業場内産業保健スタッフ等によるケア，事業場外資源によるケアの4つのケアが提示され，事業者には心の健康づくり計画の策定が求められている。

　また，メンタルヘルス不調による精神疾患の増加を受けて「心理的負荷による精神障害の認定基準」が定められ，2014年には過労死等防止対策推進法が施行されている。過労死の一因ともなる長時間労働に関しても「長時間労働者に対する面接指導等」が行われており，2019年からは

月当たり80時間を超える労働者に対して通知をするなど面接指導を確実に行えるようになった。また，2015年からは労働安全衛生法の改正により，労働者が50人以上の事業場において，1年に1回のストレスチェックの実施が事業者に義務付けられた（従業員50人未満の事業場は努力義務）。これらは，メンタルヘルス不調を未然に防ぐための施策と言えるであろう。

しかし，労働者のメンタルヘルスの状況は依然として改善していない。令和2年度「過労死等の労災補償状況（厚生労働省，2021a）」によれば，精神障害に関する事案の労災補償状況については，請求件数は2,051件で高止まりだが，支給決定件数は608件と増加傾向にある。また，平成24年の労働者健康状況調査では，「現在の仕事や職業生活に関することで強い不安，悩み，ストレスとなっている」と感じる事柄がある労働者の割合は60.9％と，5年前の調査（58.0％）よりも悪化している（厚生労働省，2013）。

労働者のストレスに減少が見られない中，思うように仕事ができなくなった労働者に対する対応も講じられている。例えば，業務外の傷病のために労務に就けない場合には，健康保険法に基づいて傷病手当金が支給されるほか，休職者が復職する際には「改訂 心の健康問題により休業した労働者の職場復帰支援の手引き」（独立行政法人労働者健康安全機構，2020）に沿って復職支援が行われる。また，障害者に認定された場合には障害厚生年金や障害手当金が支給されるほか，失業した場合には雇用保険法に基づき失業給付の基本手当が支給される。

近年，メンタルヘルス不調の要因の一つとして注目されているハラスメントに対する対策も講じられている。上述の精神障害に関する事案の労災補償の支給決定件数では，「上司等から，身体的攻撃，精神的攻撃等のパワーハラスメントを受けた」と「同僚等から，暴行又は（ひどい）いじめ・嫌がらせを受けた」が上位を占めており，企業におけるハラスメント問題の深刻さが窺われる。これに対して，2020年6月1日より改正労働施策総合推進法が施行され，職場内のパワーハラスメントを防止する規定が盛り込まれた。2022年4月1日からは中小企業も努力義

務の対象となった。

以上より，この20年ほどの間に，労働者個人のメンタルヘルスの保持増進を目的とした国の施策が様々に講じられ，それに応じて企業は必要な対応を行ってきた。

労働者に対する両立支援

しかし，労働者が思うように働けなくなる現象は，メンタルヘルスの問題には限らない。次に，治療・育児・介護などの両立支援について概観する。

労働者本人が何らかの心身の不調をきたして治療が必要となることがあるが，この問題は近年，治療と仕事の両立支援として注目を集めている。厚生労働省は2016年，「事業場における治療と仕事の両立支援のためのガイドライン」を公表した（2022年に改訂）。これには，がん，脳卒中などの疾患を抱える労働者に対して事業場が就労上の措置や治療への配慮を行うための取り組みがまとめられている（厚生労働省，2022）。

さらに，労働者が十全に労働できなくなる背景には，労働者本人だけではなく，労働者の家族が抱える事情が関係することもある。その代表的なものに，出産・育児や介護が挙げられるが，これらはいずれも家族としての労働者の生き方をサポートする支援策であることもあり，育児・介護休業法という形で一つの法律にまとめられている。

上述のように，働く女性は年々増加しているが，出産のタイミングで離職する女性は依然多く，第1子妊娠判明時に就業していた女性の46.9％が離職している（国立社会保障・人口問題研究所，2015）。労働者の妊娠・出産に対しては労働基準法に則り，事業者は母体や育児の安全措置を講じなくてはならない。また，妊娠・出産と仕事の両立に関しては，男女雇用機会均等法に基づき，産前・産後休業の取得や勤務における配慮が求められる。さらに，出産後は育児・介護休業法に則り，育児休業や仕事と育児の両立支援をしなくてはならない。

なお，産前・産後休業は生物学的に母胎となる女性を対象としているが，育児と仕事の両立支援に基づく育児休業は1歳に満たない子を養育

する労働者を対象としており，これは男女を問わず利用できる。また，育児休業の特例として父親が育休を2回取得できるパパ休暇や，必要に応じて育休期間を2か月延長できるパパ・ママ育児プラス子どもの看護休暇，短時間勤務制度なども作られている。しかし，2020年度の育児休業の取得率は女性が81.6％であるのに対して，男性は12.65％と低く，制度は設けても男性の育児休業の取得は思うように進んでいない（厚生労働省，2021b）。

2021年6月には育児・介護休業法が改正され，2022年4月から順次施行されている。具体的には，育児休業を取得しやすい雇用環境整備や育児休業の取得の状況の公表の義務付け，有期雇用労働者の育児・介護休業取得要件の緩和，育児休業の分割取得など，形式的な制度に留まらず，実際に取得しやすい改正がなされている。

一方，介護については，介護休業制度に基づき，要介護状態にある対象家族を介護する労働者は性別を問わず，一定期間の介護休業や介護休暇を取得できる。なお，介護の対象となる家族は親だけでなく，配偶者や子，配偶者の父母，祖父母，兄弟姉妹，孫までが対象となる。

また，育児・介護共通の制度として，労働者の配置における配慮義務，再雇用制度が努力義務とされているほか，不利益取り扱いの禁止やハラスメントの防止措置も義務付けられている。

5　家族に対する支援

労働者本人に対する育児・介護の両立支援は，労働者を介して間接的に家族にも大きなメリットがあるが，労働者の家族が被扶養者として受けることができる支援もある。

例えば，健康保険の40歳以上の被扶養者は，特定健康診査という健康診断を受けることができる。また，健康保険組合の独自給付として人間ドック等の健診費用を負担したり，健康相談のサービスを受けることができる場合もある。

これらのサービスを受けるためには，被扶養者である必要があるため

に，上述のように，配偶者の扶養の範囲内で働く，という働き方を選択する人もいる。見方によっては，こうした家族に対する支援策のあり方が，女性の社会進出を阻んできた，あるいは今も阻んでいるとも考えられる。

6　おわりに

　ここまで，産業分野における個と家族支援に関わる制度について，国の基本的な社会保険制度から，メンタルヘルス不調を含む治療，出産・育児，介護など労働者が思うように働けなくなる状況を想定した支援および被扶養家族に対する支援について概観してきた。

　高度経済成長以来の古典的な日本企業は，伝統的な近代家族モデルを前提としており，そういう意味で企業は家庭と相互に支え合って成立してきた。そこでは，夫であり父親である男性を労働者として，家族メンバーもその扶養家族として支援を受けるという構造となっている。しかし，近年では，個人の生き方も，家族の在り方も，企業の働き方も大きく変化しており，その支援の形も多様化していることが窺われた。

　特にワークライフバランスの視点からは，労働者が育児や介護で家族を支えるための支援が重要となっている。もちろんこれは，間接的に国や企業が家族の支援をしているとも言えるが，重要なことは，労働者としての個人だけでなく，家族成員としての個人のあり方や生き方を支えるということであろう。労働者は労働者である前に個人であり，家庭の中においては一家族成員である。

　筆者自身は臨床実践でも研究でも，個人が自分らしく生きるためのライフキャリア支援を重視しているが，たとえ個人としては十分な能力があっても，自身の疾患や障害によって思うように働けなくなることもある。また，出産・育児，介護などで，労働者として全力で働けなくなることもある。それは，物理的な働けるかどうかだけでなく，個人のライフステージの中で優先されるべき価値観が一時的に移り変わることもある。その変化は家族という他者との関係性の中でより複雑になる。その

複雑性を組織の中で秩序立って整理する枠が制度であり，その制度の前提となる国の法律や施策である。

　今回改めて，政府の法律や指針がここ20年で様々に変化し，それに伴い企業内にも様々な制度が布かれていることを痛感した。一個人としても，家族メンバーとしても，あるいは支援者としても常に，このような制度や政策の変化にキャッチアップする必要がある。と同時に，国レベルの法律や施策や企業の制度の整備と，現場の実際の対応には乖離があることも窺われた。施策や制度を現場で生きたものとするためには，一人一人の意識の変化や職場レベルでの文化の醸成が必要なのであろう。支援者にはそういった現状に対する個別対応だけでなく，企業や社会に対する問題提起をしていく役割もあると考えられる。

参考引用文献

間　宏　1979　経営福祉主義のすすめ．東洋経済新報社．

独立行政法人労働者健康安全機構　2020　改訂 心の健康問題により休業した労働者の職場復帰支援の手引き．

医療情報科学研究所　2019　職場の健康が見える―産業保健の基礎と健康経営．メディックメディア．

木本喜美子　1995　家族・ジェンダー・企業社会―ジェンダー・アプローチの模索．ミネルヴァ書房．

厚生労働省　2013　平成24年 労働者健康状況調査．

厚生労働省　2021a　令和２年度「過労死等の労災補償状況」．
　https://www.mhlw.go.jp/stf/newpage_19299.html

厚生労働省　2021b　令和２年度雇用均等基本調査．

厚生労働省　2022　事業場における治療と仕事の両立支援のためのガイドライン　令和４年３月改訂版．

厚生労働省ホームページ「働き方改革」の実現に向けた厚生労働省の取組み．
　https://www.mhlw.go.jp/stf/seisakunitsuite/bunya/0000148322.html

国立社会保障・人口問題研究所　2015　第15回出生動向基本調査（結婚と出産に関する全国調査）．

総務庁統計局　2021　労働力調査．

高橋美保　2008　日本の中高年男性の失業における困難さ―会社および社会との繋がりに注目して．発達心理学研究，19(2)，132-143．

企業における女性管理職養成に家族療法の知見を用いる試み

森川友晴

はじめに

　筆者はチェリッシュグロウ株式会社を経営しており，２つの事業を運営，実施している。１つはカウンセリング事業で企業と契約し，社員のカウンセリングや人事部など社員の管理部署の相談を引き受ける仕事である。もう１つは企業に対して研修を提供しており，ハラスメント研修，メンタルヘルス研修，管理職研修など各種コンテンツを提供している。本稿で取り上げる内容は後者の企業研修において「女性管理職を養成するための管理職研修」を実施した際に持った感想を起点としている。

　2016年４月に「常時雇用する労働者が301人以上の事業主」を対象に，管理職に占める女性比率の数値目標などを定めた女性活躍推進法（女性の職業生活における活躍の推進に関する法律）が施行された。また2019年６月に改正女性活躍推進法が公布され，2022年４月から対象が「常時雇用する労働者が101人以上の事業主」に拡大された。企業各社が各種対策を行っているが，その中の１つ，管理職における女性比率を高めるための取り組みに絞って進めていきたい。

　第一に，筆者が経験した女性活躍のための企業の取り組みにおける一場面を提示する。企業が発表している事例では見えてこない現実を提示することができると考える。第二に，女性活躍推進法の概略を示す。第

三に，現時点で筆者が家族療法の知見を用いて取り組んでいることと今後の展望を提示する。

1 女性管理職養成のための管理職研修の一場面

筆者はある企業が女性管理職を養成する1年間のプロジェクトの1つとして，管理職候補の女性を部下に持つ管理職の方々に向けた4時間の研修の登壇をしていた。筆者がその話を聞いたのは研修も半ばを過ぎ，残り1時間となった時だった。「森川さん……実は」と受講生の男性管理職の1人がグループワーク中に相談をしてきたのである。その時の会話を下記に記載する。

男性管理職 「私の部下が今回の管理職候補になり参加しているのですが，部下の女性から相談されていることがあるのです。どう対応すると良いか，ご相談できますか？」

筆者「もちろんです。どういう相談でしょうか？」

男性管理職 「その女性は家庭を持っており，まだ小さい子どもが1人います。夫は単身赴任をしており，親に頼れる状況もないそうです。日々どうにか頑張って勤務し続けているが，この上管理職になってもっと負担が増えると思うと恐ろしくなってくる。それにこのプロジェクトも普段の業務に加えて課題をこなしながら研修に1年間に渡って参加する必要がある。まだ始まったばかりだが，今だったら参加をやめても良いだろうか，といった相談なのです」

筆者 「あなたはどのような対応をしているのですか？」

男性管理職 「いつでもやめて大丈夫だよと伝えています。普段から相当頑張っている方なのですが，このプロジェクトが始まってさらに大変そうなのは見ていてもわかります。仕事量を調整することは私ができるので，調整をして負担を下げています。ただ，本人には葛藤があるらしく……このプロジェクトの不参加ということは今後の管理職を諦めるということにつながりますから……」

筆者 「今回プロジェクトに取り組まないと，次の機会がないのです

か？」

　男性管理職　「そうですね……。今回の参加者は30代半ばから40代前半が対象なのですが，次の機会ではその次の世代が対象になっていく予定です。彼女は40代前半なので多分次は候補に入らない可能性が高いですね」

　筆者は研修実施中ということもあり，十分な時間を取ることができなかったのであるが，この男性には対応の適切さをほめることと，企業で契約している外部 EAP（Employee Assistance Program）があるということだったので，カウンセリングを利用し，家庭の状態で何か改善可能なことができるか相談してみると良いのではないかと伝えて終了となった。

　ジャーナリストの奥田祥子氏の書籍『女性活躍に翻弄される人びと』の冒頭は「産め，働け，管理職に就いて活躍しろ，って無茶ぶりされて，たまったものじゃない！」という強烈な一文で始まる（奥田，2018）。この書籍には女性のみならず「女性活躍」という言葉に翻弄される女性や男性のインタビューが数多く載っている。筆者も実感として，「産め，働け，活躍しろ！」のメッセージを社会や会社から感じるという女性の話を聞くことは多い。筆者がこの体験で改めて感じたことは，ワークに対するライフの影響の大きさと，ライフ，特に家族のことを無視して企業が女性活躍推進を進めていくことの難しさであった。

　一般社団法人関西経済同友会　子育て問題委員会が2021年5月の「子育てと仕事の両立に関するアンケート調査」第3節「『両立』における課題と実態」において，夫婦の平日の家事と育児に関する調査を行っている（一般社団法人関西経済同友会　子育て問題委員会，2021）。この調査によると女性の8〜9割は育児と家事どちらも毎日60分以上行っているのに対し，男性は6〜7割が毎日30分以内にとどまっている。つまり，女性の方が男性よりも育児・家事において「2倍以上」の時間を負担している。また育児内容と家事内容の男女差においては，「食事させる」「買い物」「料理」など食生活関係の内容に大きく差が出ていることも特筆すべき点であるとまとめている。さらに女性に大きな影響のある

内容としては「子どもの病気や自身の急な出張などの緊急時に預けたり，世話をしてくれる人がいないこと」「育児とキャリアの良好なバランス確保に苦戦している実態」も明らかになっている。またこの報告書には別添として自由記述回答の一部が示されており，生々しい実態が垣間見える。この記述からもワークとライフは密接に関連しており，どちらも解決すべき問題であることがわかる。この調査は回答者の属性の8割が近畿地方であること，職種が製造業，IT業，金融保険業が比較的多い点など調査方法に留意する点があるものの，参考になる点が多く，2021年5月という本稿にとって最近の調査であることから提示することにした。

2　女性活躍推進法の概略

ここでは女性活躍に関する法律や実際の取り組みの好事例などを提示し，女性活躍推進が企業にとってどのような課題として提示されているのか，また実際に行われていることは何かを明らかにしたい。

女性活躍推進法は厚生労働省の「女性の職業生活における活躍の推進に関する法律の概要」によると，その目的として下記の内容が挙げられている（厚生労働省，2018）。

自らの意思によって職業生活を営み，又は営もうとする女性の個性と能力が十分に発揮されることが一層重要。このため，以下を基本原則として，女性の職業生活における活躍を推進し，豊かで活力ある社会の実現を図る。

- 女性に対する採用，昇進等の機会の積極的な提供及びその活用と，性別による固定的役割分担等を反映した職場慣行が及ぼす影響への配慮が行われること
- 職業生活と家庭生活との両立を図るために必要な環境の整備により，職業生活と家庭生活との円滑かつ継続的な両立を可能にすること
- 女性の職業生活と家庭生活との両立に関し，本人の意思が尊重されるべきこと

上記目的に基づいて具体的には国は基本方針を策定することと，事業主行動計画に関する指針を策定することが決定している。また国や地方公共団体，民間事業主は事業主行動計画を策定することになっている。事業主行動計画の中身としては下記項目となっている。

- 女性の活躍に関する状況の把握，改善すべき事情についての分析（【参考】状況把握する事項：①女性採用比率　②勤続年数男女差③労働時間の状況　④女性管理職比率　等）
- 上記の状況把握・分析を踏まえ，定量的目標や取り組み内容などを内容とする「事業主行動計画」の策定・公表等（取組実施・目標達成は努力義務）
- 女性の活躍に関する情報の公表（省令で定める事項のうち，事業主が選択して公表）
　国は，優れた取組を行う一般事業主の認定を行うこととする

　次に具体的な企業の対策を提示する。
　厚生労働省のホームページに掲載されているリーディングカンパニーの取組事例をもとに，今回のテーマである管理職の女性比率に絞った内容のみ取り上げたい（厚生労働省，2015a）。

〈A社：情報通信業〉
目標：5年で女性の管理職を3倍とすること
養成内容：課長候補者の女性向け「マネジメント力養成プログラム」として管理職への動機付けとリーダーシップ力の向上，マネジメント基礎研修，キャリアデザイン研修の実施。新任課長の女性向け「新任女性管理職支援プログラム」としてスキル面を磨く研修，キャリアサポートや先輩女性管理職との交流を実施。中級課長以上の女性向け「エグゼクティブ・ダイバーシティプログラム」として経営視点の醸成と部長以上の候補者育成のため，経営全般の基礎知識を習得するための研修や，経営幹部との交流，事業戦略研修を実施。

発表されている事例だけでは実際の対象者がどのように感じ，何が起きているかまではわからないが，キャリアデザイン研修やキャリアサポート，先輩女性管理職との交流などによって女性参加者への管理職を目指す際のサポートの仕組みが存在することは女性参加者の負担への理解があるのではないかと思える。

　法律による推進によって産業領域で起きていること，その具体的な企業側の取り組みと対象者となる女性の状態に関して明らかにしてきた。次に筆者が実際に取り組んでいることと，今後取り組んでいくと良いと考えていることを提示していきたい。

3　家族療法の知見を用いる試みと今後について

　筆者が女性管理職養成において，家族療法の知見を用いている内容は大きく4つである。1つ目は若手社員向けのキャリア研修において，2つ目は男性育休の準備のためのワークショップにおいて，3つ目は女性の部下を持つ管理職向け研修において，最後に管理職養成のプロジェクトに参加している女性へのコーチングにおいてである。

　1つ目の若手社員向けのキャリア研修は，主に26歳から28歳くらいの男女を対象に行われるもので，大卒を基準にすると社会人4年目から6年目くらいを対象にしている。よく実施の依頼を受けるのは1日8時間くらいの研修である。その中で「人生シミュレーション」というワークを行い，家族のイベントと仕事のイベントが同時に発生する中でどのように問題解決をしていくかを20代，30代，40代，50代と年代別に考えてもらうようにしている。ワークの解説としてマクゴールドリック（McGoldrick, M.）とカーター（Carter, B.）の家族ライフサイクルから，家族ライフサイクルの段階，移行期における情緒的プロセス：求められる姿勢，発達促進的なシステムの二次変化・課題を提示している。このワークによって，家族をつくるということと仕事をしていくということを20代の時から考えてもらう機会を提供しているのである（中釜ほか，2019）。

2つ目の「男性育休の準備のためのワークショップ」は，今後男性育休取得を検討している男性を対象にした3時間くらいのワークショップである。このワークショップでは前述の家族ライフサイクルに関してと同時に夫婦間の会話を扱っている。夫婦間で話し合うこととして「妻の就労」や「家事分担」などがどこまで話し合えているかを確認することと，葛藤解決の手法としてアサーション（平木・柏木，2012）を提示している。狙いとしては男性育休を「妻の手伝いをするための期間」ではなく「家族の形を再構成する時期」として定義していくためである。

　3つ目は女性の部下を持つ管理職向け研修において「ブリーフセラピー」の研修を実施している。この研修は状況によるが「ブリーフセラピー」だけをテーマに3時間程度で実施する場合と，8時間の研修の中の1つのテーマとして3時間程度実施する場合がある。なぜブリーフセラピーかというとブリーフセラピーは家族に限らず組織に適応しやすいために組織内の問題解決として使いやすいことと，同時に家族の問題にも寄与することができることが主な理由だが，現実的な問題として「家族療法」という名前でそのまま企業研修で実施するのが理解してもらいづらく，企業から依頼を受けやすくするための大きな障害になっているという実情もある。

　最後は管理職養成のプロジェクトに参加している女性へのコーチングにおいてである。通常の依頼では「パフォーマンスを上げるための支援」といった名目で企業から依頼を受けることが多い。その際に「上げるためだけではなく，下げる要因があったときに取り除く支援を行う」と約束することでコーチングの幅を広げることができる。そうすることでクライアントの相談内容の自由度をあげる。実際の面接場面では最初は仕事の進め方や管理職としてのマネジメントの課題を話しているクライアントが「こういったことも話して良いですか？」と家族の話をし始めることは珍しいことではない。コーチングとカウンセリングを行ったり来たりしながらのコーチングの実施を行っている。

　筆者の取り組みを紹介させていただいたが，まだまだ課題は多い。実

施上の課題もあるのだが，何より家族を扱うことの重要性を経済界，企業に理解してもらうことが難しい。企業の考え方として仕事（外的世界）と家庭（内的世界）を分けて考えることが前提となっている。例えば人事評価する際には，評価対象者の生活がどのように乱れていても仕事の上で成果を出している場合，生活の問題を評価に持ち込んではいけないとされている。このようにあくまで企業は仕事の場面のみを扱うことが前提になっていると言える。しかしながらワークライフバランスという言葉が当たり前になり，両立支援が求められるようになり，女性活躍推進を行うことを考えると，これまでのように仕事面だけを扱っても望む結果を出すことは難しいのではないだろうか。従来の常識から一歩踏み出していく必要があるのではないかと考える。これは個人でこれからも努力していくつもりであるが，家族療法を学ぶ方々が協力して取り組むことで，より強力な推進力となることを期待したい。また人材の問題も存在している。カウンセラーとして産業領域で活躍している方は数多くいるのだが，コンサルタント，組織開発といった分野になるとあまり見かけることがない。こういった分野に進出する家族療法家が増えることにも大きな期待を持ちたい。

文　献

平木典子・柏木惠子　2012　家族を生きる―違いを乗り越えるコミュニケーション．東京大学出版会．

一般社団法人関西経済同友会　子育て問題委員会　2021　「子育てと仕事の両立に関するアンケート調査」報告書．

柏木惠子・平木典子（編著）　2014　日本の夫婦―パートナーとやっていく幸せと葛藤．金子書房．

厚生労働省　2015a　企業の好事例集情報通信業．

厚生労働省　2015b　企業の好事例集製造業．

厚生労働省　2015c　企業の好事例集宿泊業，飲食サービス業．

厚生労働省　2017　仕事と育児の両立に関する実態把握のための調査研究事業　労働者調査報告書．

厚生労働省　2018　女性の職業生活における活躍の推進に関する法律の概要．

厚生労働省　2021　女性活躍・男女共同参画の重点方針2021　説明資料．

中釜洋子・野末武義・布柴靖枝ほか（編）　2019　家族心理学―家族システム

の発達と臨床的援助［第二版］. 有斐閣.
奥田祥子　2018 「女性活躍」に翻弄される人びと. 光文社.

過労死，過労自殺と家族

金井篤子

1　過労死，過労自殺と家族

　過労死，過労自殺は80年代初めに日本で名づけられた概念であるが，今やkaroshi, karojisatsuと国際的にも通じる用語となっている。80年代に指摘された「過労死」の問題ではあるが，現代においてますます大きな問題となっており，「死」という最悪の結果を招くという点から，喫緊の課題である。

　過労死の提唱者の一人である上畑（2014）は，インタビューの中で，なぜこれに過労死という名前をつけたのかということについて，70年代の初めごろから，「不規則な夜勤で週に2～3回は徹夜して亡くなった労働者」の遺族から労災申請の相談が来るようになり，当時はこれを「職業病としての急性循環器障害」と言っていたものの，あまりにも相談が多く，100例近くも事例が集まり，その遺族の方がみんな「過労で死んだ」と言っていたので，これを「過労死」として学会で発表するに至ったと述べている。

　実際のところ，過労死，過労自殺のご遺族の手記（たとえば，全国過労死を考える家族の会，1997：高橋・川人，2017）を拝読すると，突然

大切な家族を失ったご遺族が，いかに大きな悲しみと大きな喪失感，また，なぜあの時出社を止めなかったかという罪責感にさいなまれておられるかがわかる。遺族の訴えにより，「過労死」と名づけられたことはこれが家族にどれほど影響を及ぼしているかを示しているようである。

2　過労死，過労自殺とは

　過労死は日本がいわゆるバブル景気に突入する直前の80年代初めに細川ら（1982）によって名づけられているが，上述のように，すでに高度成長時代の70年代から現象としては生じていたものと思われる。細川ら（1982）はこれを「過重な労働負担が誘因になり，高血圧や動脈硬化などももともとあった基礎疾患を悪化させ，脳出血・くも膜下出血，脳梗塞などの脳血管疾患が心筋梗塞などの虚血性心疾患，急性心不全を急性発症させ，永久的労働不能や死にいたらせた状態」と定義した。永久的労働不能は幸い命は長らえたものの職場に復帰ができない状態ということである。また，過労死弁護団全国連絡会議（1989）は「過労により人間の生命リズムが崩壊し，生命維持機能が破綻をきたした致命的極限状態」と定義している。

　90年代には，過労が原因と考えられる自殺（過労自殺）が注目された。きっかけとなったのは，1991年8月27日，電通に入社して2年目の男性社員（当時24歳）が，自宅で自殺した事件である（いわゆる電通事件）（川人，1998）。男性社員の1か月あたりの残業時間は147時間にも及んだとされ，遺族は，会社に強いられた長時間労働によりうつ病を発生したことが原因であるとして，会社に損害賠償を請求し，2000年にこの社員の長時間労働について使用者である電通に安全配慮義務違反が認定された。このような経過がありながら，2015年12月25日に同じく電通社員だった高橋まつりさんが入社9か月で過労自殺した（高橋・川人，2017）ことはまだ記憶に新しく，4半世紀過ぎても依然として変わっていない電通の状況に腹立たしさを感じるともに，ご遺族，弁護団，研究者等の多くの人々の尽力にもかかわらず，電通のみでなく，この社会が

変化していないことを思い知らされるかのようで無力感を感じざるを得ない。

2014年に施行された過労死等防止対策推進法では，過労死等について，「業務における過重な負荷による脳血管疾患若しくは心臓疾患を原因とする死亡若しくは業務における強い心理的負荷による精神障害を原因とする自殺による死亡又はこれらの脳血管疾患若しくは心臓疾患若しくは精神障害」（2条）と定義しており，過労死「等」として，過労死，過労自殺，永久的労働不能をまとめている。現在ではこの定義を用いることが多い。

3　過労死等の労災認定件数の推移

図1は過労死等の労災認定件数の推移である（厚生労働省（編），2021）。ただし，1996年以前の脳・心臓疾患における死亡者数は明記されていない。図中，脳・心臓疾患の死亡が過労死にあたり，精神疾患等で自殺した場合はすべてではないと思われるが過労自殺に該当すると考えられる。

過労死の問題は先述のように，すでに80年代初めから指摘されていたにもかかわらず，当初厚生労働省は過労死の認定にあまり積極的ではな

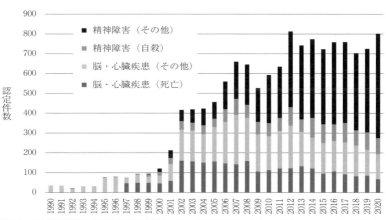

図1　過労死等の労災認定の推移 （厚生労働省（編），2021に過去のデータを加え作成）

かった（全国過労死を考える家族の会，1997）。しかし，過労，疲労の弊害が経験的に明らかになるに従い，1995年に過労死の認定基準を改定し，さらに2002年にも基準を緩和した。同様に，過労からうつを発症し，自殺をはかる，いわゆる過労自殺についても，故意によるものであるとして，ほとんど認定がなかったが，これらの事例の増加に対応し，1998年に精神疾患等の認定基準を緩和し，さらに2011年にも緩和を行った。図中，1995年および2002年から脳・心臓疾患の認定件数が，1999年および2012年から精神疾患の認定件数がそれぞれ増加しているのは基準の緩和による影響と考えられる。

　2020年の脳・心臓疾患の労災認定数は194件（うち死亡67件）で，精神疾患の労災認定数は608件（うち死亡81件）であった。しかし，2020年の申請数は脳・心臓疾患で784件，精神疾患で2,051件あり，認定件数は申請数のそれぞれ約25％と約30％にとどまっている。この認定率の低さは当初から指摘されていたが，依然として改善されていないのが実情であり，また，この認定率の低さから，申請に至らないケースも多いと考えられ，過労死，過労自殺の実数はつかめていない。

　なお直近の動きとして，2021年9月に，脳・心臓疾患の労災認定基準の改正があり，「発症前1か月におおむね100時間または発症前2か月間ないし6か月間にわたって，1か月あたり80時間を超える時間外労働が認められる場合について業務と発症との関係が強い」としてきたものを「上記の時間に至らなかった場合も，これに近い時間外労働を行った場合には，『労働時間以外の負荷要因』の状況も十分に考慮し，業務と発症との関係が強い」と評価できることになった（厚生労働省，2021）。この改正では，「発症前1か月におおむね100時間」を，いわゆる過労死ラインと呼ばれる80時間に修正する案が検討されたものの，結果的に見送られたことは非常に残念であるが，100時間に達しなくても，認定可能性が出てきたことは評価でき，このことで認定件数が増加することが期待できる。

4　労働時間の規定要因の国際比較

　長時間労働が過労死，過労自殺の大きな要因であることはすでに明らかである。それでは，何が長時間労働を生み出すのであろうか。金井ら（Kanai et al., 2021）は，日本，韓国，中国，米国，ドイツ，フィンランドの6か国の正規従業員を対象に，それぞれ職場要因（リーダーシップ，チームワーク，職場のルール，仕事量，役割曖昧性など）と個人要因（ワーカホリズムなど）が労働時間に及ぼす影響の比較を行った。階層的重回帰分析の結果，6か国とも，職場で残業するのが当たり前になっていると従業員が認知している場合に労働時間が長くなった。日本では，それ以外に，リーダーシップのメンテナンス機能（PM理論におけるM機能）が高い場合に労働時間が長くなった。これはほかの国にはない特徴であった。そもそもメンテナンス機能は集団のメンバー間の葛藤を調整する機能であるが，日本においては，葛藤を調整するというよりも仲良くやろうということで葛藤そのものを避ける傾向にあり，そのことが仕事量や負荷の調整につながらず，長時間労働を助長しているのではないかと考えられた。

　また，さらに強調すべきは米国を除いて，個人要因が労働時間に影響を及ぼさなかった点である。従業員がワーカホリック的な心性を持っているほど労働時間が長くなるとは言えなかったのである。加えて日本では，仕事量の負担も労働時間には影響を及ぼさなかった。

　以上の結果を合わせて考えてみると，個人の仕事の志向性や仕事の量によって長時間労働が生じているわけではなく，職場のリーダーシップのあり方や職場のルールによって長時間労働が発生していると考えることができる。長時間労働の管理の責任は，個人にあるのではなく，職場にあることが示唆されているのである。従来の労災認定では，個人の責任を問う傾向が強いように見受けられるが，この調査の結果を見る限りは，その姿勢は改めるべきと言えよう。

5 労働時間をめぐって

　この調査において，各国の正規従業員の週当たり労働時間の平均（調査は2013年に実施された）は，日本47.2時間，韓国45.1時間，中国42.5時間，米国40.6時間，ドイツ39.1時間，フィンランド40.4時間であった。日本，韓国，中国の順に長かった。

　日本は労働基準法により，労働者を守るため，労働条件の最低基準を定めている。最低基準であることから，この法律に違反した場合には，多くは刑事罰が定められている。労働時間について，1日及び1週の最長労働時間を規制しており，これを「法定労働時間」といい，法定労働時間の原則は，1日8時間，1週40時間である（32条1項・2項）。では，上記調査で，日本の週当たり労働時間がなぜ40時間を超える47.2時間であったのであろうか。

　時間外・休日労働については，原則として，法定労働時間を超えて時間外労働させたり，法定休日に休日労働をさせることはできない（32条・35条）が，例外的に，時間外労働・休日労働をさせることができる主な場合として，労使協定（36条。いわゆるサブロク協定）によるものがある。使用者は，事業場において労使協定を結び，それを行政官庁（所轄労働基準監督署）に届け出た場合は，労働時間を延長し，または休日に労働させることができる。このため，法定労働時間は実質あってないようなものとなっており，長時間労働が容認されていたのである。

　しかし，労働基準法の改正により，2019年4月1日から，36協定の時間外労働の上限については，月45時間，年360時間を原則とし，臨時的な特別な事情がある場合でも年720時間，単月100時間未満（休日労働含む），複数月平均80時間（休日労働含む）が限度とされた。

　限度のなかった36協定に上限が付されたことは非常に喜ばしいことであるが，内容を見るに，過労死ラインの月当たり残業80時間を超える上限が設定されており，さらにこの上限を下げていくことが期待される。

　ところで，筆者は2012年，2014年に日本，韓国，米国，ドイツ，フィ

ンランドで働き方に関するインタビュー調査を行っている。ヘルシンキの地域の公的図書館の館長は，労働時間について明確な考え方を持っていた。図書館の開館時間は，平日と土曜日は9：00〜20：00，日曜日は10：00〜16：00であるが，35人前後の職員やボランティアとともに，個人の一日7時間15分の労働時間を意識しながらスケジュールを組んでいる。図書館館長として大切にしていることとしては，「客が多いときに十分なスタッフがいるようにということと，できるだけ仕事の分担（朝勤／夜勤など）が全員に平等になるようにするということ」。基本的に残業はない。「次の日の仕事に積極的に取り組むには，十分休養を取る時間が必要だから」と説明した。

　ほかにも数人のフィンランド人にインタビューしたが，どの人も自分の週当たりの労働時間を尋ねると即答であった。時間管理を常に意識して仕事をしていることがわかる。ドイツでも同様に自分の労働時間を即答したが，日本，韓国でインタビューした人はどの人も即答できなかった。かなり時間を取っても労働時間を回答することは難しく，労働時間を考えていては仕事にならないのだろうことが推測できた。

　これらのことから，「労働時間」を意識した働き方を社会が実現することが過労死，過労自殺を出さないことにつながると考えられる。このことはもちろん，一人一人の心構えという話ではない。

6　過労死，過労自殺を出さないために

　次頁の詩は，父親を過労自殺でなくしたマーくん（当時小学校1年生）が書いた詩である。前の日に，あるいはその日に「仕事に行ったらあかん」「仕事に行ったら死ぬよ」と言えばよかったと多くの遺族が思っている。朝いつものように出かけていって，夜には帰ってくると思っていた夫や妻や娘や息子がもう帰ってこないのである。過労死，過労自殺が家族に与える心理的，経済的，社会的影響は計り知れない。一人の過労死，過労自殺も出さないために，「なんのために働くのか」ということを共有できる社会づくりが必要ではないだろうか。

ぼくの夢（全国過労死を考える家族の会 HP より）

> ぼくの夢
>
> 大きくなったら
> ぼくは博士になりたい
> そしてドラえもんに出てくるような
> タイムマシンをつくる
> ぼくはタイムマシーンにのって
> お父さんの死んでしまう
> まえの日に行く
> そして『仕事に行ったらあかん』て
> いうんや

引用文献

細川　汀・田尻俊一郎・上畑鉄之丞　1982　過労死―脳・心臓系疾病の業務上認定と予防．労働経済社．

Kanai, A., Laurence, G. A., Sakata, K., Fujimoto, T., Yamaguchi, H., Takai, J., Suzuki, A., & Tak, J.　2021　An international comparison of factors related of long work hours. *Japanese Psychological Research.* http://doi.org/10.1111/jpr.12338（2022年2月25日閲覧）

過労死弁護団全国連絡会議（編）　1989　過労死．双葉社．

川人　博　1998　過労自殺．岩波新書．

厚生労働省　2021　脳・心臓疾患の労災認定基準 改正に関する4つのポイント　https://www.mhlw.go.jp/content/000833808.pdf（2022年2月25日閲覧）

厚生労働省（編）　2021　令和3年版過労死等防止対策白書．https://www.mhlw.go.jp/stf/wp/hakusyo/karoushi/21/index.html（2022年2月25日閲覧）

高橋幸美・川人　博　2017　過労死ゼロの社会を―高橋まつりさんはなぜ亡くなったのか．連合出版．

上畑鉄之丞　2014　第28回東京弁護士会人権賞受賞者インタビュー．LIBRA（東京弁護士会）Vol. 14 No. 4　https://www.toben.or.jp/message/libra/pdf/2014_04/p24-27.pdf（2022年2月25日閲覧）

全国過労死を考える家族の会（編）　1997　死ぬほど大切な仕事ってなんですか―リストラ・職場いじめ時代に過労死を考える．教育史料出版会．

全国過労死を考える家族の会 HP　ぼくの夢　https://karoshi-kazoku.net/about.html（2022年2月25日閲覧）

教師の復職支援
プラグマティック回転する昇り龍のメタ・フレーム添え

佐 藤 克 彦

はじめに

　筆者は2005年から三楽病院の精神科医として勤務している。当院は教職員の互助会が作った全国で唯一の病院であり，教職員のメンタルヘルスに関わる幅広い事業を展開しており，その主眼の1つが教師の復職支援である。本稿では，このテーマに関して，著者の考えている精神療法の勘どころを MRI（Mental Research Institute）的ブリーフセラピーの視点（Watzlawick et al., 1974）から紹介する。

　しかしその前に把握しておくべき事項を挙げると，まず，教師は膨大で多岐にわたる，かつ，容易には替えが利きづらい業務を抱えているため，休んだり，あるいは勤務が軽減された際に，教え子たちに負担をかけない形で教育活動を維持するのが困難である。このため，休職となった場合には，最低限でも正規教員の補充が望まれるが，そのためには長期休職が条件となることがある。また，復職時には補充された教師が同時にいなくなるので，全ての仕事を直後から再開せざるをえないことが多い。ゆえに，教師が復職する際には健康状態の回復だけではなく，慣らし出勤などの十分なリハビリを通した職務遂行能力の回復も重要となる（真金，2017；2018）。

　筆者がこの状況下で頭を抱えるケースを2つに分けると，優秀である

がゆえに周囲から頼られ，自分がやったほうが実際に子どもたちのためになるうえ早く済むと考え，仕事を抱え込んで燃え尽きてしまうケースと，学習指導や生活指導の力や集団のリーダーに必要な統率力や元来のストレス耐性などの課題を背景に，不適応が起きるケースに分けられる。

　前者は目標設定を下げられるようになる必要があるのに対して，後者は業務として要求されていることをこなせるようになる必要がある。本稿では，紙面の都合上，前者を念頭に置いた議論を展開するが，後者は発達障害圏や新型うつ病ともオーバーラップしており，教師に限らず産業精神医学上の重要課題と言える。

1　教科書直線からプラグマティズム平面への飛躍

　教師は，間違いを正して正しいことを教える役割（例：テストの採点）があるため，「何が正しくて何が間違っているのか」という軸を強く意識し，こだわり，それ以外の軸が見えづらくなってしまうリスクがある。実際の臨床でも，「正しいけれども逆効果」なことを続けてしまったり，「間違ってるけど役に立つ」ことに手を出すのに躊躇して苦しんでいることが，他の職種よりも多いように感じる。このような場合に筆者は，図1を手書きしながらプラグマティズムの発想を紹介することにしている。

　「もちろん正誤の軸（＝教科書的発想の軸）は職業上も大切ですし，正しいことの多くは実際に有効で，間違っていることの多くは有害に作用しますよね。でも少数ながら，正しいけど逆効果だから手放さなきゃいけないものも，間違っているけど今はそれが必要だってこともありますよね。だから，正誤の軸とは別に，何が役に立ち何が役に立たないかの軸（＝プラグマティズムの軸）も持っておいたほうがいいでしょう？だって正誤の軸だけにこだわっていたら，たとえそれが逆効果で本末転倒だと気づいていても止められず，自縄して，自縛して，自爆した挙句に燃え尽きちゃうかもしれませんから。それに，あなたの言うことよりも，子どもたちはあなたの背中を見て育つはずです。子どもたちに見せ

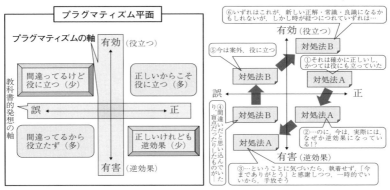

図1 プラグマティズム軸を導入する　　図2 プラグマティズム平面上の回転

てあげたい背中は，正誤の軸に縛られて苦しんでいる不器用な背中ではないハズです。ならば，正誤の軸のみを追求したい気持ちをグッとこらえ，子どもたちのためにやむをえず，自分のためになる軸も，追加ダウンロードしましょう。あれかこれかではなくあれもこれもの精神（de Shazer, 1985）でやっていきましょうよ」。

　この新しい軸の導入が，休職するか否かでも，休職中にどう過ごすかでも，リハビリ出勤している最中でも，いざ復帰するときでも，「でも本来は～すべきだから」「～するなんて非常識でとんでもない」という正論に縛られて抜け出せないときに非常口を指し示してくれることが多い。

　なお，この介入の隠れたポイントは，相手のこだわってきた軸を，修理しようとか新品に取り換えようとするのではなく，そのまま大切にして（事実，この軸の欠如した教師の方が職業的にも倫理的にも人間的にも問題である），あるいは時と場合によっては本人以上に大切にして，そのうえで新しい軸を追加するに留めることである。

2　時間軸導入による回転運動の発生

　これに時間的流れを加えた発展版が図2である。

　最初は対処法Aが「正しいからこそ役に立つ」ので問題解決に有効

だった（①）としても，時が経つにつれ「正しいけれども逆効果」になってしまうことがある（②）。正誤の軸にこだわりすぎると，この転落劇に気づかずに，あるいは気づいても，対処法Aをやめにくくなる。大切なのは，今まで有効だった対処法への執着を捨てて軽やかに手放すこと（③），そして今までは「間違ってるから役立たず」と思っていたり，その領域の存在自体に気づかず，すっかり盲点になっていた場所から対処法Bを新たに取り出して（④），柔軟に採用していくことである（⑤）。対処法Bは慣れ親しむにつれて新しい常識になる（⑥）のだが，時が経つにつれいずれは逆効果になる（②）のだから神聖視するのは禁忌だろう（佐藤，2021）。古来より万物は流転し，地獄への道は善意で舗装され，万事塞翁が馬である。

3　それは逸脱かアネクドートかユーモアか混乱技法か？

そういえば，逃げるは恥だが役に立つ……って不自然な日本語ですよね。ドラマで有名になったから調べてみたらハンガリーの格言なんだそうです。島国・日本と違って，我が身を守ってくれる海岸線のような自然の国境など無いに等しいだだっ広いヨーロッパの大地の真ん中で四方八方から異なる民族が領土を奪い合う戦争を繰り返してきた悲劇の歴史を生き抜いてきたハンガリーの名もなき人々が親から子へと語り継いできた!!!……言葉であることを知ったときこの言葉は……これまでとは全く異なった様相で私たちの眼前に現出してくるのです。正しくあろうとするなら逃げてはならないかもしれないがそれが間違いだと謗られようとも命と子どもらを守るため正しさよりも役立つことを選択して堂々と逃げることを私は選択する!!!……と……あ。ちなみに私は並の精神科医と違って精神科以外の領域には疎いので世界史のことも自信をもって自信がないと断言できます！……って何の話でしたっけ？……えっと，いい加減に本題に戻しましょう……。

以上のように唐突に筆者は，一体何の話をしているのか混乱する話をし始めるときがある。それは，現在の苦悩の元凶が凝り固まった構えに

あるとき，勉強好きな方が多い教師に歓迎されやすい豆知識を，不連続性・不自然な間・パラドキシカルな表現・ユーモア・既知の言葉の想定外な意味設定・メタファー（「大義名分→職務」よりも命を守るために「逃避→休職」を選んでもよい）等の演出を加えて提供することで，驚きや笑いで構えが思わず崩れて，新しい構えを選択するゆとりを生みだすのが狙いである。

4　昇り龍プロットとの融合

　臨床家たるもの勝手な先入観は排して無知の姿勢でいるべきだとされるが，実際には「『相手の人生』という物語のプロット（山あり谷ありと波打ちながらも全体としては良くなっていく）は変更不可の決定事項で，細かな肉付けが知らされていないだけである」という先入観を胸に抱いて面接に臨んでいることが多いのではないだろうか。筆者はそれを「昇り龍プロット」（図3）と呼び，むしろ好き好んで積極的に固執・執着するように心がけている。

　すると休職という下り坂のシーンも，学校に行けない子を支える生きた知恵を学ぶための体験学習，「挫折や失敗を繰り返しながら成長していく姿を応援する」真の教育者として成長していく物語の避けられぬ伏線，このような経験を持つ自分にしか救えない子どもたちが自分の帰還を待っている設定である都合上，彼らに実体験として語れるネタを収穫しなければならない季節……となる。教師も精神科医も等しく対人援助職であり，我々，対人援助職にとって人生で起こる全ての出来事は芸の肥やしなのだ！否，全ての出来事を芸の肥やしにできたモンの勝ちなのだ！たとえ一時は敗北に甘んじようとも，我々は必ずや勝利を手にすることであろう！……と檄を飛ばすこともある。

　この波打つ曲線を拡大して詳細に見ると前述の回転運動と対応していることが分かる（図4）。さらにフラクタルな曲線（拡大しても同様の形）と仮定すれば「悪化している時期でも良い変化は起きているからそれを発見して伸ばしていけばよい」ということも表現できて，1つの曲

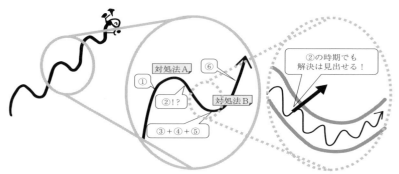

図3　昇り龍プロット　図4　拡大図
（へ人生,山ありゃ谷もあるさ）（MRI 的に転回点を創る）

図5　さらに拡大
（SFA 的に転回点を創る）

線で MRI と SFA を同時に表現できる（図5）。

5　メタ・フレームなリ・フレーム

　リ・フレームはフレーム（≒考え方）の単純交換を指すだけではない（若島，2019）。筆者はフレームのフレームを追加するタイプをメタ・フレームと呼んでいる。たとえば，教師の仕事には際限がないため，100点を取るのは原理的に不可能なのだが，子どもたちにはテストで100点を取れるように励ましているのだから「自分も100点を取れるハズなのに取れないのは努力不足で罪深い」というフレーム（思い込み）を持ってしまったとしても無理はない。この色メガネで自分を不完全だと断罪し，「努力不足な問題教師」という罪悪感から逃れようと完全性を追求し，自分を追い込んでいくという悪循環が成立しうる。「100点なんてとらなくていいんですよ」という説得で納得して，メガネを取り換えれば悪循環は断ち切れることだろう（図6）。

　しかし，「でも100点じゃなきゃ子どもたちに申し訳ない」と抵抗して単純交換できない場合には，「100点以外は罪深いと思っていることこそ，人間に到達不可能な目標を目指しており，つまり努力次第で自分は神にもなれると傲慢にも思い込んでいることになるから，より一層罪深い」というフレームを新たに追加し，罪悪感の罪悪感を生み出し，その罪悪

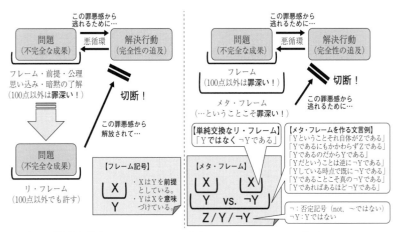

図6　単純交換なリ・フレーム　図7　メタ・フレームなリ・フレーム

感から逃れるために罪悪感を弱める行動を阻止するしかなくなるという
リ・フレームもある（図7）（佐藤，2016）。最後に最初に紹介した飛躍
にも，下線で示したとおり，プラグマティズム軸の導入］自分のため］
子どものため……と，メタ・フレームを隠し味として添えたことを添え
て，本稿のフルコースの締めくくりとしたい。

文　献

de Shazer, S.　1985　*Keys to solution in brief therapy*. W. W. Norton & Co Inc.
　［小野直広（訳）　1994　短期療法 解決の鍵．誠信書房．］
真金薫子　2017　教師のメンタルヘルスの現状と背景．日本学校メンタルヘ
　ルス学会（編）　学校メンタルヘルスハンドブック．大修館書店．
真金薫子　2018　月曜日がつらい先生たちへ―不安が消えるストレスマネジ
　メント．時事通信出版局．
佐藤克彦　2016　The Solution of Zaiakukan by Zaiakukan of Zaiakukan. 狐塚
　貴博・若島孔文（編著）　解決の物語から学ぶブリーフセラピーのエッセン
　ス―ケース・フォーシュレーションとしての物語．遠見書房．
佐藤克彦　2021　プラグマティズムのススメ．佐藤香代・三坂彰彦・佐藤克
　彦（編）　弁護士と精神科医が答える学校トラブル解決 Q&A．子どもの未来
　社．
魚津郁夫　2006　プラグマティズムの思想．ちくま文芸文庫．
若島孔文　2019　短期療法実践のためのヒント47―心理療法のプラグマティ

ズム．遠見書房．

Watzlawick, P., Weakland, J. H., & Fish, R. 1974 *Change: Principles of problem formation and problem resolution.* W. W. Norton & Company.［長谷川啓三（訳） 2018 変化の原理〈改装版〉—問題の形成と解決．法政大学出版局．］

就労支援に活かすキャリア コンサルティング

産業・労働分野の現場から

中村武美

はじめに

筆者は現在はフリーランスの立場であるが，長く公的機関に所属して就労支援にあたってきた。本稿ではそのひとつの事例を取り上げる。

なお個人を特定されない範囲で本事例に若干の改変がされていることをお断りさせて頂く。加えて本稿を記すに当たって一点読者の皆様のご理解を頂かねばならない。というのは，筆者は短期療法と家族療法についてはわずかな学習のレベルにとどまっており，体系的かつ集中的なトレーニングを受けていない実務者である筆者が，あくまで産業・労働分野の現場で経験した事例であるということである。

1　出会い

Aさん（女性，40代後半）は知的障害のある人である。ややこしいのだが，いわゆる療育手帳の判定区分ではB（軽度）と区分されていたが，これとは別の区分として就労支援上で「Bの中でも重度」という労働行政上の判定が障害者職業センターで行われている。Aさんは最重度とは言えないが，言語表現によるコミュニケーションは難しいレベルであった。

Aさんは特別支援学校（卒業当時は養護学校）の卒業生である。地方によって温度差があるだろうが通常，特別支援学校高等部の2年次くらいから進路相談に支援機関として保護者と同席して進路相談を行い，卒業時には進路指導教諭と連携して就労先を決定するのが一般的である。Aさんの場合もその当時からの記録が紙媒体で全部残っており，厚さ数センチになっていたと記憶する。

　さて，筆者が前任者からAさんのケースを引き継いだ時，月に一度定期的に母親がAさんを伴って面接に来られていた。母親は当時70歳過ぎくらいであろうか。Aさん一人では話し言葉によるコミュニケーションが難しく「んーんー」といった表現が可能な状態であった。しかし母親は長年に渡り生活を共にしてきた経験で，この表現で概ねAさんの意向が理解できるようであり，いわば通訳としての機能を果たしていた。

　Aさんの以前の勤務先は会社倒産になっていた。企業側としては「できれば会社更生法で再建したい。現在は裁判所で再建が認められるように審査中である。時間はかかるが再建が認められたら，その場合にはAさんにまた来て欲しいと思っている」という意向が母親に伝えられていた。実際に会社が再建できるのかは当然分からないのだが，母親としてもAさんとしても慣れたところで勤務するのが良いという思いが強く，別の就労先を探すことには積極的でなかった。その後数か月経ってからAさんを伴って面接に来た母親から「再建は難しく企業を整理することになった。残念だが雇用は無理である」と会社側から伝えられた旨の話があった。Aさんにとっても母親にとっても筆者にとっても最も望ましくない結果となった訳である。

　無論，筆者は内心ではこの結末の可能性を考えなかった訳ではない。実際この可能性について触れたこともあるが，「できれば前の雇用先で」という母親の（Aさんのノンバーバルな表現を母親が言語化していることも含め）意向は強かった。「もし再建できたら雇って貰えるから」と一縷の望みを持っているAさんと母親に対して，翻意を迫るだけの説得ある材料も確信もなく，仮に別の就労先に行ったとしても定着する可能性が絶対にある，とは誰も保証できない。当面は事態の推移を見守るし

かない，というのが正直なところであった。結局Aさんは別の就労先を探さざるを得ないことになった。

2 就労先は見つかったが

その後数週間かかったと記憶するが，A型事業所（就労継続支援A型事業所）をAさん・母親と共に見学に行き，Aさんも事業所側もお互いに好感触であったため，数日の実習期間を経てA型事業所にお世話になることになった。Aさんの自宅からは少し距離があるが，責任者の女性は障害者の就労について意欲的な方であり，筆者はこの時「なんとか就労先が見つかった」とほっとしたことを覚えている。

しかし事態はこれで終息ではなかった。2週間程たった位であろうか，責任者の女性から筆者あてに連絡があった。この女性にしては珍しく怒気を含んだ語調である。

「Aさんには聴覚障害がありますね。音が聞こえていないじゃないですか。聴覚障害を隠してこちらに就労させたんですか，背後から声をかけても全然応答がありません。事故が起きたらどうするつもりなんですか」という強い抗議であった。

正直Aさんが聴覚障害ということは初耳であり，筆者にはこの電話の意味が分からなかった。電話でやりとりを行い，この女性に対して筆者もこの実態は聞いていないこと，また障害部位にも聴覚障害はないことを伝え，母親に対して確認する旨を女性に約束して電話を切り，母親に事情を聴くことにした。

連絡をした母親はAさんを伴わずに自分だけで筆者を尋ねてきた。母親の説明は概ね次のようなものであったと思う。

「実は会社が再建されて雇用をして貰えることを期待していたので，再建がなくなり本当にがっかりした。その中で，今回のA型事業所にお世話になることができた。聞こえないと言っても，そこまで酷いとは思っていなかったし，その話をすると今回の就労の話がダメになると思ったので話をしなかった」

筆者が迂闊と言われたらそれまでなのだが，面接の際は当然ながら筆者とＡさんはデスクを挟んで対面で話をする。Ａさんはもともと音声は出るが「うーうー」といった発声でそれを母親が代わって意思表示をしていた。筆者が話をしていることはＡさんは目視できるので，発声はそのタイミングでできるのである。Ａさんの背後から声を掛けるというのは完全に筆者の発想にはなかった。

　「そのようなことは，包み隠さずに話をして貰わないと，本当にＡさんが作業中に事故を起こしたら取り返しがつかない」というような話は母親にしたかと思う。しかし今後の娘の行く末を案じる母親の気持ちを責めることは難しい。筆者はこれ以上に母親を難詰することはできなかった。母親からはさらに次のようなことが語られた。

　「私の実家が隣の○○県にあって，今は誰も住んでいないのだが，Ａが老後にはここで住めるような状態にしてあり先祖のお墓もある。先年の大雨で少し家屋に損害があり，清掃もしないといけないのだが，これは維持していきたい。最後はＡに財産を渡しておきたい」という内容であった。

　後で記録を読み直したが，このような話は記録されておらず，恐らく初めて母親は自分の思いを筆者に吐露したのではないだろうか。記録からは読み取れない母親のＡさんに対する思いである。Ａさんが収入を上回る賃貸にいることや将来をどう考えるのか，という明らかにされていなかった部分もこれらの説明を総合すると概ね説明がつくものであり，ようやく筆者としても納得できるものとなった。とは言え，Ａ型事業所にとっては母親の思いは無関係である。最終的にはＡさんはここでの就労を諦め，新たな就労先を探すこととなった。

3　本事例について

　Ａさんについては過去の分厚い記録を見直してみたが，実家にまつわる話は記載されていなかった。記録にないから話をしていないと考えるのは早計であるが，今回のような事態になって初めて実家についての思

いが母親から語られたと考えるのが自然であろう。家族療法や短期療法の視点からは様々なアプローチが可能であろうかと思われるので，筆者の力量不足は明らかである。筆者としては母親との関係は良好である，と一方的に思っていたのも一因である。現実は母親は自らの思いがあり，それは第三者には打ち明けぬままに筆者は面談をしていた，ということになる。この事例では母親の思いに圧倒されたという印象が強烈であり，母親を責める気持ちはあまり湧いてこず，むしろある種の迫力とも言える母親の愛情に対して家族療法・短期療法はどのように対応できるだろうか，と改めて感じた。

4　もうひとつの事例

　次はBさんに登場していただく。筆者がBさんと面談する時期には，国の大きな方針として少子化に伴う労働人口の減少に対しての雇用政策がテーマとしてあった。エネルギー転換政策に伴う炭鉱離職者や労働者派遣法など，時代の節目節目で雇用政策は国が大きく舵を切る。最終的に，労働者は国の政策の枠組みの中で適応する場所を見つけるのが全体の構図である。当時，国が労働力の裾野を広げていこうとした対象は「女性・高齢者・障害者・外国人」であり，内閣府の日本再興戦略に記載されている。特に精神障害者の就労支援は重点ポイントとされ，筆者の勤務先は全国に先駆けて試行モデルとして先行実施となった。家族療法・短期療法の面接を実施するにしても，この面接の枠組み自体が制度の中に組み込まれていることになる。

5　面接に至るまで

　筆者がBさん（女性，20代，統合失調症）と面談したのはこの経緯の中であった。実は面談に至るまでの調整が大変だった。
　まずモデル事業という制約があるので，連携してくれる病院を探さねばならない。就労可能である，という内容からデイケアを開催している

機関を探すことになり，これは筆者の勤務先の上部機関が対応した。賛同してくださる病院が見つかり，責任者との顔合わせを行う中で事業の趣旨やスキーム・問題となる内容・予想される困難など話題は多岐に渡った。ここに関わった関係者は臨床心理士・作業療法士・精神保健福祉士・障害者就業・生活支援センター（いわゆるなかぽつ）事務所長・障害者職業センター担当カウンセラー等々である。

　通常でもこれらの人々が関わってくるのだが，モデル事業であるためまずこの制度の説明をして，理解を得て協力して貰うことに非常に労力を使うことになった。これらの事前調整を完了してから，モデル事業に参加の同意を本人から得るのだが，こちらは当初はデイケアスタッフが担当された。その結果，やっと臨床心理士に付き添われてBさんと面談することになった。

6　初回面接

　初回の面接時でBさんはかなり激しいチック症状を示した。筆者は内心（この状況での就労は難しい）と思ったのだが，Bさんの来訪が増え面談の環境に慣れるに従って，チック症状は消失していった。過緊張が原因だったと思われるが，筆者は当初驚いた，というのが正直な感想であった。筆者とBさんの面談が重なるにつれ，言語による意思表示も増えていった。A型事業所（雇用契約を結ぶ福祉サービス事業所）の見学に同行した時の帰路に「あそこは普通の会社なんですか？」と質問したBさんに，正確な説明を行うとそれきり黙ってしまった。表情にも変化はなかったのでBさんの真意ははかりかねたが，どうやら一般企業への就労を希望しているように見えた。

　Bさんは通常の企業就職の経験が発症前はあったようだが，その後は短期のアルバイトか家業の手伝いをしており，この頃に発症したようである。ただし詳細については病院関係者からの情報が非常に限られており，率直にいって「そこはあまり触れて欲しくないし，こちらも説明しにくい」という感触があった。後日判明したのだが，実家では父親との

折り合いが悪く，母親とは何とか連絡はつくという家族関係であった。このケースでは最後まで，Ｂさんの家族と筆者が対面することはなかったが，いずれにせよ実家からの援助は期待できない状態であった。初回面接時にはＢさんの経歴には不明な点が多く，情報の収集は難しかった。

7　経　緯

　精神障害者に限らないが，概ね就職困難者の就労の経過はクローズ応募は別として「見学→実習→トライアル雇用等のお試し雇用→採用」という流れを辿ることが多い。筆者もまずは事業所見学を本人に打診した。これ自体は何ら雇用の約束をするものではないので，双方が合意すれば問題なく実施できる。Ｂさんの場合は，見学ではなく実習を行いしぶった。どうやらＢさんはいきなり一般企業での就労を望んでいる様子である。それができれば問題ないのであるが，事業所側の理解を得ることなどから困難な場合がほとんどである。Ａ型事業所については，頑なに拒むＢさんに筆者は少々悩まされていた。実はＢさんはグループホームで生活しており所持金には限界がある。遠方で就労可能な事業所はあったのだが，Ｂさんの所持金では交通費は支払いが難しいため，応募の企業は限られる。そのような中でいたずらに時間だけが過ぎていく状況になっていた。

　モデル事業との関係で追い詰められていた筆者は，既存の応募先では困難と考えて，Ｂさんのグループホームから自転車で行けるスーパーの人事担当者に思い切って電話をかけ実習を依頼した。事前説明も何もないいきなりの依頼である。この人事担当者は筆者と面識があったこともあったためか，驚いたことに実習を受け入れてくれた。特別支援学校の生徒の受け入れ経験もあり，理解も深い企業だったのも一因だったと考えられる。筆者はただちに障害者職業センターにジョブコーチを要請し，Ｂさんの実習が開始された。実習初期には支援者（つまり筆者，作業療法士，臨床心理士，精神保健福祉士，なかぽつ所長ら）が折に触れて訪問し，最終的にパート雇用に繋がった。

まとめ

　2つのケースを振り返ると，Aさんのケースは家族療法・短期療法等の問題というより「面接時に対面で話していたこと」「母親が本人に不利な話は説明しようとはしない」という視点が筆者の思い込みとなってしまい失敗したものである。

　Bさんのケースでは家族の支援が得られないBさんに対して，様々な社会資源としての支援者がいわばチームとして機能した例である。公認心理師・臨床心理士の資格を持っている支援者にとっては多職種連携は常識であろう。しかしキャリアコンサルタントには実はこのような用語はなく「環境への働きかけとネットワーク」という表現で厚生労働省がキャリアコンサルタントの能力体系として発表されているだけである。筆者はキャリアコンサルティングの業界に多職種連携という用語が浸透していくには時間はまだ必要であると考えている。キャリアコンサルティングと就労支援という大きな構図の中で，家族療法・短期療法をどう活かしていくことができるのか，障害者雇用にとっての課題と考える。

参考文献

厚生労働省　2015　厚生労働白書　平成27年版．

厚生労働省　2016　精神科医療機関とハローワークの連携モデル事業の実施について．
　　https://www.mhlw.go.jp/file/06-Seisakujouhou-11600000-Shokugyouanteikyoku/0000168027.pdf

内閣府　2016　日本再興戦略2016—第4次産業革命に向けて—．

システム論を用いた働きやすい
企業組織改革

岩﨑恵美

1　はじめに

　近年，個人の成長にばかり頼ってきたつけが回って来ているのか，マネジメントに苦労している企業が多いように思う。高度経済成長期がずいぶん前に終わり，昨今，幸せは金や地位ではなく，時間や良好な人間関係があるところでの暮らしを望む人たちが増えてきた。ダイバーシティ＆インクルージョンが声高く叫ばれ，個人の自由度は上がり続けていると感じる。私個人としてはずいぶん過ごしやすくなったと感じているが，企業はたいへんな時代を迎えているといっても過言ではない。多様性が認められる社会の中で，どうやって人をまとめ生産性を上げていくのか，その方法がわからなくなっている企業は少なくない。この先何年かは企業にとって厳しい時代が続くだろう。

　昨年，内閣府が公務員に対してマネジメントの仕方や人材育成についてのプログラムを作成し，公表した。ニュース（NHK 2021年11月29日）は公務員の中間管理職を育てていくことが難しく，中でも年配の管理職たちが若手を育てることに苦労しているという話を流していた。現在，筆者は中小企業の組織改革と人材育成に関してシステム論を用いて

行っているが，関わる企業はどこも同じ点に困っている。中間管理層が育たず，人をまとめることが難しい企業が多くあると肌で感じ，日本のこの先への漠然とした不安感を覚えずにはいられない。今の企業の寿命は業界によってばらつきはあるが，30年を切り，業種によっては10年に満たないうちに力尽きる企業も少なくない。盤石な企業とは，売上高や従業員数が支えるのではなく，組織の成功循環モデルを携えた生産性の高い企業である。今，企業は今までの組織運営を見直し，新しく一皮むけた企業運営へと二次変化を起こす必要があるだろう。決して大げさなことではなく，今の時代に合わせることができる変革型の組織運営でも遅れを取るのではないかと危惧する。それほど時代の移り変わりはスピードを増している。それを考えると，これからは現実を構成していける企業が望ましいだろう。

　筆者は，2015年秋から組織改革と人材育成を企業に対して行っている。組織に対してシステム論を用いて分析を行い，介入をしてきた。ブリーフセラピーを使えば短期に組織を改革していけると実感している。面談の折に幹部層にも若手の従業員にも同じ質問をする。どういう会社が望ましいかという質問だ。皆同じように，風通しの良い会社が望ましいと答える。同じことを望んでいても叶っていないのは，原因を個人やある一定の小集団（若手連中や幹部たちなど）に言及して，システムでの解決を図っていないからだと思う。システム論を使った組織改革を行い，欲しい現実を構成していくサイクルを持つことが，企業が今の厳しい時代を生き抜く秘訣となるのではなかろうか。

2　事　例

　すべての事例はプライバシーに配慮した改変等を行っている。

事例1　子ども思いの親父社長と愛がほしい妻のような部長の会社

　従業員数15名の通信機械機器関係の会社。筆者が関わってまず社員全員からヒアリングを実施した。全員の面談で見えてきたことがあった。

社長と部長が今の会社を共に興したのは20年前のことである。今は社長と部長の関係は表面的には問題なく見えるが，部長は社長に認めてもらいたいのか，部下の手柄を自分の成果として社長に報告し，自分のミスは部下のミスということにしていることが少なくないようだった。部下へのあたりも強いので多くの従業員から嫌われていた。部下に対して社長と部長のそれぞれの指示系統があること，上層部と若手との間に大きな溝があるのに上層部はその認識がなかった。この状態が数年続いていた。部長は，社長は早く退くべきだと言った。また，部下は自分でのし上がってくるものだとし，部下を教育しようとはしなかった。ただ，若手は上層部に対する文句を言いあうことでまとまっていた。仕事も手を抜かず人員が足りていないところはそれぞれがサポートしあい補っていた。面談の際に会社を辞めたいと若手3名が申し出た。社員数が15名の会社で同時に3名が辞めるとなれば社の危機である。

　まるで夫に関心を向けてもらいたい妻のような部長だった。社長も部長も男性ではあるがそう見立ててみた。妻のような部長は，他の従業員に社長を取られたくないのか，いじわるをしてしまっているようにも見えた。そんな中で社長はというと，従業員を家族と捉えている節があり，若手を息子たちのように思っている様子で可愛がっていた。実際に若手の一人一人を息子のように感じていると言っていた。これには部長が気分を損ねているのかもしれなかった。

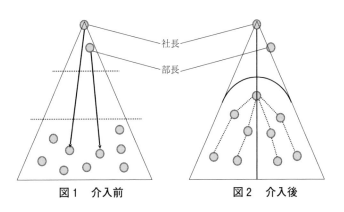

図1　介入前　　　　　図2　介入後

社長には，部長と話す時間を増やしてもらうことにした。部長の話を聴いてもらい，認める発言を増やしてもらった。部長には，直接部下を指導したり，指示を与えたりすることを制限することにした。部下育成がうまくいっていないことは部長も認識していたので，「直接指導では伝わらないので，部長が営業で成績を上げるさまを見せることで伝えていきましょう，背中を見せましょう」とリフレームし，プレイヤーに徹してもらうことにした。

社内マネジメントから部長を外したことで，指示系統が社長からの一本化に整った。その後，新しく就任した課長が若手をまとめてくれるようになった。結果として，若手が辞めることなく組織の形が整い，部長への苦情も減り，中間管理層が育った。組織改革が進むにつれて業績も伸び，社員数も増えていった。

事例2　強い父親社長と教育ママ経理課長が治めている会社
社員半数への面談で見えてきたこと

従業員数30名の土木建築サービス会社。全国に4か所の支社がある。衛生要因（満たされないと不満足を起こす要因。例えば給与や休暇，制度利用）はある程度満足度が高い。一人一人が成長していくことで会社が成長していくようになればいいという話を初めに社長から聞いた。世代交代の時期を迎えており，次期社長を決定したいという思いもあった。

社員半数への面談で見えてきたのは，幹部4名（社長，経理課長，営業部長，業務部長）のまとまりがあるようで実はないということ。うまくいっているように表面的には見えるが，社長と経理課長の影響力が強く，営業部長と業務部長の意見はほとんど通らない。その状態が長年続いたため，部長2人は本音を話さず，社長と経理課長とは表面的に合わせて会話をしているに過ぎず，また，部長2人の間柄もうまくいっていなかった。部長2人ともメンタル不調を発症していた。

部長2人の連携が取れていないことで，各部署に閉鎖的な風土が根付いていて，部署間の連携はほとんど機能せず，業務の流れが悪い。若手従業員は幹部4名が悪いと言い，幹部が変わらなければ何も変わらない

というのが共通意見だった。社長と経理課長は「若手が伸びてこない，できて当たり前のことができない，できないくせに要望ばかりしてくるので若手の指導を強化すべきだ」と言う。残りの部長2人は部下たちと社長，経理課長との間に挟まれて，「言っても無駄だから」と部下を諭し，意見は社長まで上がらない状態であり，信頼関係はすでに無くなっていた。従業員の内何名かにもメンタル不調を抱えている人がいた。

セルフ・キャリアドック導入

組織開発と人材育成をしていくことに対して合意を取り，セルフ・キャリアドックを導入することが決まった。セルフ・キャリアドックとは，企業がその人材育成ビジョン・方針に基づき，キャリアコンサルティング面談と多様なキャリア研修などを組み合わせて，体系的・定期的に従業員の支援を実施し，従業員の主体的なキャリア形成を促進・支援する統合的な取り組み，また，そのための企業内の「仕組み」のこと（厚生労働省，2017）であり，従業員一人一人に対して面談を実施，また必要な研修等を行っていくものである。

幹部会議の機能に向けて

社長は声も大きくパワフルな印象だった。社員の前で営業部長を怒鳴り散らすなどの行為もあり，営業部長はモチベーションを落としていた。若手従業員たちは営業部長が怒鳴られているのを見て，「あの部長でも通らないのか。だとしたら自分たちが何を言っても無駄だな」と絶望的になった。権限も決定権も社長が握っているので，営業部長も含め従業員は何かをやろうとしても社長の許可を取ることができずにいた。私はこのように少々独裁的ともいえる状況を変えてみることにした。

まずは社長と経理課長が決めていたことを幹部4名で考えていくことを提案した。決定機関を幹部会に置こうとしたわけだ。毎月一度の幹部会議を開催し，筆者も参加しファシリテートを担当した。会議を重ねながら，ビジョンを作り直したり，スキルマップ作りを手掛けたり，人材育成プロジェクトシート作成を行うなど，幹部のシステムに参入し良循環を目指した。

しかし思ったほどシステムの変化は見られなかった。一定の効果は

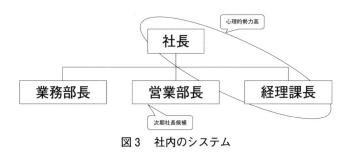

図3　社内のシステム

あったが，社内の既存のシステムはさほど変わらなかった。幹部の中で
ただ1人女性の経理課長が既存のシステムを統治していることがわかっ
てきた。他の部長2人は経理課長に歯向かうことができず，表面的には
うまくいっている様子だが，状況を変えられないでいた。経理部自体は
課長を中心に安定感のある運営だったが，厳しい管理と指導によるまと
まりであったため，メンタル不調を訴える社員もいた。他部所間のやり
取りがうまくいっておらず，昼休憩も社外に出ることは許されず，部署
を超えての会話はほとんどない状態だった。経理部とうまくやっていけ
ずに辞めていった他部署の中間管理職も多くいたと聞いた。そもそも従
業員同士で話すこと自体がほとんどなかった。経理課長の影響は全国の
支所にも及んでおり，社長を動かせる唯一の人物とされていた。社長は
経理課長の意見をよく聞いていた。まるで連携の取れた夫婦のようであ
り，強い父親と強い母親が会社を統率していた。私は解決のためには，
この2人の連携を崩すことが得策だと考えた。加えて，次期社長候補の
営業部長に対して社長が期待のあまり圧を加えており，営業部長は煮え
切らない態度を取り，社長が叱り，営業部長が委縮するという悪循環が
あったため，これに対しても介入していく必要があった。

　まず経理課長に次期社長となる気があるかを確認した。社長にも経理
課長を次期社長にする考えがあるか確認したが，両者ともその考えはな
く，次期社長には営業部長をと考えられていた。しかし，営業部長は社
長と経理課長の勢力にあらがえないことに疲れていて，眠れない，胃腸
の調子を崩すなどの不調が出ていた。

　しばらく幹部会議を整え，社長1人で決定するのではなく幹部4名で

決めていくという介入を試みたが，社長と経理課長の連携を活性化させ，営業部長は拘束感が高まってしまう懸念が出てきた。そこで違うアプローチをすることにした。

大きな組織（システム）の中に小さな組織（システム）を創る試み

　既存のシステムを変えるにあたって，小さなシステムを作り大きな既存システムにぶつけて変化を促すという案を実施した。「社長プロジェクト」なるものを創り，社長が若手従業員と直接話す時間を設けた。会社の風土を変えたいというモチベーションを持った若手女性社員がかろうじて2名営業部に残っていたので，この2名と社長と私たち（弊社女性メンバー2名）で運営した。当初の目的は，社長に若手社員の声を直接聞いてもらう機会を創ること，経理課長と話す機会を減らし，他の女性従業員と話してもらう機会を設けるといった単純な発想だったのだが，これが大きな波紋を起こし，本社が抱える既存のシステムに影響を与えていく結果となった。その経緯を紹介する。

　「社長プロジェクト」は，上記目的で作ったサブシステムであるが，幹部3名が「社長プロジェクト」で話し合っていることを参加メンバーにしつこく質問する動きが起こった。若手従業員たちは今までほとんどなかった「会社が変わるのではないか」という期待が上がって，「社長プロジェクト」に協力的な様子を見せ始めた。最初の月は社長と女性従業員2名，私たち女性メンバー2名で開催したが，次の月には経理部から女性従業員1名が追加で参加，その次の月には業務部から男性従業員1名が加わった。現在4か月目を迎えているが，経理部からもう1名女性従業員が加わることが決定している。さらにこの「社長プロジェクト」で出たアイデアを練り，次期社長である営業部長に対するプレゼンテーションを経て，社長に発表し決議を仰ぐ仕組みができた。社長と経理課長の間に「社長プロジェクト」が存在するようになり，当初の目的を超えて会社内の運営に関わる事案についての決定ができる場に成長し，既存のシステムに対して影響を与えることに成功した。

3　おわりにかえて

　システム論を用いて組織改革を行うことを実践してみた感想を述べておく。家族と違い人数が多いことで関係性も複雑ではあるが，家族に置き換えて見立てるとシステムが見えてきやすい。また家族でいうとサブシステムの活性化なども組織においては逆に人数が多いことで扱いやすさもある。

　今後，企業に関わるセラピストが増えることを期待したい。

文　献

中小企業庁　2020　小規模企業白書2020年版.

金子勝一・山下洋史・上原　衛　2002　組織の動機づけ要因と衛生要因. 日本経営システム学会全国研究発表大会講演論文集第28回, pp. 87-90.

厚生労働省　2017　SELF CAREER DOCK「セルフ・キャリアドック」. 導入の方針と展開—従業員の活力を引き出し, 企業の成長へとつなげるために, p. 2.

内閣官房内閣人事局　2021　「国家公務員のためのマネジメントテキスト」の公表について. h31116_houdou.pdf

中村　豊　2017　ダイバーシティ＆インクルージョンの基本概念・歴史的変遷および意義. 高千穂論叢, 52(1), 53-84.

男性の育休取得をめぐって

神 谷 哲 司

1　はじめに

　さて，「産業分野に生かす個と家族を支える実践」とのテーマについて，私自身の育休の話も含めて執筆をと，ご依頼頂いたものの，「産業分野」について熟知していることもなく，では，自身のエピソードでも語ろうかと，10年以上前の2か月間の育休を思い出してみても，ロクな記憶が掘り起こせない。例えば，日中，物言わぬ乳児との生活で育休1か月を過ぎる頃に鬱っぽくなっていたこと（しかも，当時は自覚がなく，数年後の振り返りで気がついた）とか，変な姿勢で赤子を抱っこしていたせいか（これは，抱っこしたまま眠りに就いた乳児をいかにスムーズに布団に寝せるかという苦闘を経験した方にはご理解いただけると思う），腰を痛め，腰椎椎間板ヘルニアによる大腿部の激痛で救急搬送されたとか……およそ「イクメン」らしきエピソードには縁がない。なので，本稿ではとりあえず，「男性の育休」をめぐる現況を踏まえつつ，育休をめぐるあれこれについて自由に述べさせていただければと思う。

2 育休制度の概況

　育児休業法が施行されたのは1992年４月，それが1995年に，「育児・介護休業法」となり，現在までに幾度もの改正を重ねている。2021年の改正では，2022年４月から段階的に，育児休業を取得しやすい雇用環境整備及び制度の周知の義務付け，ならびに有期雇用労働者に対する取得要件の緩和（2022年４月），男性向けの産休制度「出生時育児休業（通称，産後パパ育休）」の新設と従来の育児休業の分割取得（2022年10月），雇用者1,000人以上の事業主に対する育児休業取得状況の公表の義務付け（2023年４月）が施行されることとなっている。

　このように目まぐるしく制度が改正されている育児・介護休業法であるが，その国策としてのねらいは，共働きが標準となっている現代において，夫婦ともにワークライフバランスを実現し，子育て世代の労働力の確保と，出生力の増強にあると言える。だが，男性の家事・育児時間は先進諸国と比べて相変わらず低水準にあること，８割の男性自身が育休取得を望んでいるにもかかわらず（エン・ジャパン，2019），様々な理由で取得を断念してしまっているのが現状である。断念の理由として多いのは，「収入を減らしたくなかった」（41.4％），「職場の雰囲気が取得しづらい／会社・上司の無理解」（27.3％），「会社で育児休暇制度が整備されていなかった」（21.3％）などである（日本能率協会総合研究所，2021）。

3 男性育休をめぐる誤解

　しかしながら，上記の断念した理由を見ると，いまだ育児休業制度は正しく理解されているとは言えない状況にあることがわかる。

　例えば，「会社に制度が整備されていない」という理由だが，育児休業は，「育児・介護休業法」という国の法律で定められた労働者の権利である。そのため，勤め先の就業規則にかかわらず，育児休業を取得す

ることは可能である。この点，就業規則で定められる「育児休暇」と，国の法律で定められた「育児休業」の違いを認識する必要がある。

　また，最も多い「収入の減少」についての懸念であるが，一般的な会社勤めの場合，所定の要件を満たしていれば，雇用保険から育児休業給付金が支払われる。育児休業期間180日までは給与の67％，180日を超えると50％の給付率となる。給与の2/3あるいは1/2となるとなかなか厳しい額にも見えるが，育児休業期間は，厚生年金保険や健康保険といった社会保険料が免除され（かつその期間も納付したものとして取り扱われる）ので，実質的な手取り額は8〜9割保障されるという（ただし，育児休業中の賃金については基本的に労使協定に従うため，各自確認が必要になる）（小室・天野，2020）。

4　男性の育休への障壁

　となると，つまるところ，育休取得の障壁は，「職場の雰囲気が取得しづらい／会社・上司の無理解」にあるように思われる。上述のように，会社の就業規則に定められておらずとも労働者の権利であり，育児・介護休業法第10条では，育児休業の申出や取得を理由とする解雇その他の不利益な取扱いを禁止している。とはいえ，現実問題，会社の人間関係を考えたら，権利を声高に叫ぶにも憚られるだろうし，「パタハラ」（パタニティ・ハラスメント；男性が育休所得により不当な扱いを受けること）という言葉も耳にするようなこともある。事実，育休からの復職の2日後に遠隔地への転勤の辞令が出て，会社に交渉したものの認められず，そのまま退職した事例（いわゆるカネカショック）も記憶に新しい。これは，その顛末を妻がtwitterにアップした後，会社が特定されて炎上し，同社の株価が急落するに至っている。

　こうした障壁について，「男は仕事，女は家庭」といういわゆる性別役割分業意識と，いわゆる「母性神話」が根深いことが指摘できるであろう。ある国会議員は，「言葉の上で『男女共同参画社会だ』『男も育児だ』とか格好いいことを言っても，子どもにとっては迷惑な話だ。子ど

もがお母さんと一緒にいられるような環境が必要だ」,「はっきりとした結果は統計を取ることができないが, どう考えてもママがいいに決まっている」と述べていたという（毎日新聞, 2018）。この発言などは, いかにこの問題について, 科学的な知見が軽視され, 個人的な思い入れで判断されているのかを示すものであると言えるだろう。

5　障壁の裏にある「母性神話」と「授乳」の問題

　様々な科学的知見が, 産みの親が子どもにとって一番であるわけでもないし, 女性が女性であるというだけで良い親になるとは限らないことを明らかにしている（Schaffer, 1998 ; 2001）。少なくとも, 子どもにとって迷惑だと結論付けるデータはどこにも見つからないのである。にもかかわらず, 母性神話が根強いのはなぜなのだろう。

　父親と母親は違うと考える一派にとって, やはり出産と授乳という女性の生物学的機能は, その適性を認めるに足る根拠になっているのだろう。子育て中の父親から,「妻と対等に育児をする夫であろうとすればするほど, ぼく（あるいは雄）は,（母乳が出ないことについて）おのれの無力を身に染みて感じる」とし, 母乳信仰そのものが, 父親の育児参加の最大の難関であると指摘している声もある（西・伊藤, 1992）。

　授乳に関しては, 私自身もかつてあるコラムで, 父親でも, ミルクを哺乳瓶で与えることができること, 母乳を推奨するとしても冷凍保存などで父親でも可能となっていることから, 母親の専売特許ではないと述べていた。しかし, 同時に, 娘が1歳半になった執筆当時の状況として,「最近, 気持ちが崩れると父親の私ではなだめられないことが増えてきて, 子育ては量より質とは言っても, やはりわずかな週末だけではダメなのか！　それとも, やっぱり"ぱい"（「おっぱい」の意）がなきゃダメなのか！　と, 悩んでいます」とも記している（神谷, 2011）。

　確かに, フロイト（Freud）の口唇期やクライン（Klein）の「良いおっぱい, 悪いおっぱい」を持ち出すまでもなく, 母乳育児の場合は, 0歳時点での母子の授乳場面は, 単なる「栄養摂取」以上の愛着形成の

基盤になっているであろうし，その後の「卒乳」まで，子どもに心理的安定をもたらすものであろう。そうした母（妻）と子の姿を日ごろ目にしつつ，泣き止まない赤ちゃんを抱えて途方に暮れ，仕方なく（あるいは望んで？），自分の乳首を見せた（あるいは口に含ませた）というエピソードを語る父親にも出会ってきた。明け方に睡眠不足の頭で泣き止まない赤子を抱えていれば，そのような奇行に走る気持ちも理解できなくはない。

　しかし，ボウルビィ（Bowlby）が主張したように，母親への近接は授乳といった生理的欲求を満たすためではなく，進化の過程において養育者との接触を維持する上で用いていた行動のパターンの名残りであり，生物学的傾性として生得的に備えている機能である（繁多，2007）。すなわち，授乳時に口腔内の身体接触が与える影響よりも，養育者との間で頻繁に交わされるスキンシップの方が愛着形成への寄与率は高いと考えられる。とすれば，そこに父母の違いは想定し得ないし，「授乳」に過剰な機能を期待してしまうのは，精神分析的な「母性という神話」故なのだろう。思えば，うちの子も2歳も過ぎてくると，「ママじゃなきゃいや」は，「しかたない，オマエでもいいか」になっていった気もするし。

　親の役割分担と夫婦の性別の問題は独立である（神谷，2008）。すなわち，父親と母親という生物学的や文化的な性差の問題と，主たる養育者と副次的な養育者という役割，あるいは，愛着における「モノトロピー」（愛着対象の順序性）の問題は切り分けて考える必要がある。しかし，両者が交絡しやすいのはまさに，母乳育児とそれに伴う愛着形成によって，母親が主たる養育者／愛着対象として認められやすいところにあるのだろう。その点，コミックエッセイではあるが，父親が主に授乳することで父親を主たる愛着対象とした反証例（細川，2009）が示されていることは見逃してはならないだろう。

6 男性育休のメリットとは

　一方で，男性自身にとっての育休には，一般に次のようなメリットが
あげられている。子どもを身近に感じられ，成長を見届けられる，家
事・育児スキルの向上により，妻が病気になったときなどにも問題なく
対応できる，職場復帰後も，家事・育児との両立のために，仕事を効率
的にこなすような工夫ができるようになる，職場以外の地域の人たちと
のかかわりの機会が増える，などである（小室・天野，2020）。また，
出産直後の父親の育休は，同時に母親の「ワンオペ育児」回避にもつな
がり，特に産後うつなどの予防因子になることも指摘できる。一般に，
子どもの誕生後には，かなり早期のうちにまず妻の夫婦関係満足度が低
下し，それを追随する形で夫の満足度も低下していくが（神谷，2016），
産後の父親の育児行動はその防御因子として機能することを踏まえると，
子どもが生まれてすぐの時期に育休を取得することは，夫婦関係の維持
という点でも有効であると言えるだろう。さらにそれは，母親のキャリ
アの継続へのサポートにもなり，家庭にとっても夫婦共働きという経済
的基盤の形成につながる。

　さらに，父親，母親双方の職場にも影響を与えるともされている。育
休をきっかけとするワークライフバランスの問題は，昨今のわが国にお
ける「働き方改革」とも不可分ではない。これは，2019年の労働基準法
改正による残業時間の法的な上限の設定，ならびに近年の日本の時間当
たり労働生産性が OECD 加盟38か国中23位であり（日本生産性本部，
2021），その低さに関する議論などから，日本での働き方が，従来の
「残ってがんばっている奴が偉い」から，「限られた時間内に効率よく成
果を上げる」働き方へとシフトしてきていることを示している。さらに，
働き方改革は，業務の属人化を防ぎ，風通しの良い職場づくりにつなが
る，上司は新たな部下のマネジメントを行う機会を得る，その職場の人
たちも，業務フォローの必要性から，チームメンバーのスキルアップに
もつながると指摘されている（小室・天野，2020）。

7　育休取得者増加に伴う問題

　そのような働き方改革の波とともに，ワンオペ育児解消をねらいとして，冒頭で述べたような育児・介護休業法の改正がなされたのである。結果，取得希望は高く，父親の育休は，ひとつのトレンドになっているようにも思われる。しかし，当たり前のことながら，育休を取得しただけで，子どもは育たないし，ましてや妻も喜びはしない。父親自身に家事・育児のスキルがあり，日常的に，夫妻で家事を分担できるようなコミュニケーションのルールとパターンを構築しているのであれば，育児休業という新しい生活へのシステムの変換にも対応できるであろうが，そうでなければ，夫婦間葛藤が増加し，それが子どもに与える影響も看過できない状況になりかねない。男性の育休義務化が議員連盟で検討されることが報道された2019年当時にも，ネット上で疑念を表する意見は多く見られたし，育休期間中に，料理や洗濯などは行うものの，目に見えていない家事を一切やらないケースが報道されていた。その記事によると，妻が帝王切開で産後1か月ほど動けなかった間に，育休を取得した夫が料理や洗濯はするものの，夫は，掃除や日用品の調達や買い出し，子どもの保育園や習い事の日程調整や手配などに目が向かず，妻もそのことを夫に言えない状態であったという。その妻は，男性の育休について曰く，「家事育児への意識と能力が高い人であれば，意味があると思うけれど……。そうでないのなら，家にいて自由に出かけられてもイラっとするので，普通に仕事に行って稼いでくれた方がいい，と思ってしまいます」と述べている（滝川，2019）。

8　まとめにかえて―男性育休と心理支援―

　以上，とりとめもなく，男性の育休の現況について，私事も含めてあれこれと述べさせていただいた。社会変動と個人の心理という点で大きく語るのであれば，育休制度の改正，あるいは育休の推進というマクロ

な変化は，父親に対しても直接，間接に影響を与える。育休の取得を希望する男性についても，その理由はまた人それぞれであろう。積極的に子どもとかかわることを望む者もいれば，家事スキルはないものの「イクメン」と呼ばれることにあこがれた者，あるいは，妻のサポートをしたいと考えた者など。そして，それを妻側がどのように受け止めるのかという側面もある。例えば，夫の育休を，ありがたい「サポート」として受け取る妻もいれば，共同養育者として「当然」と認識する妻もいる。

　そうしたことを踏まえた上で，男性の育休取得にかかわる産業分野における支援を考えてみると，特に，1）育休期間にスムーズに移行できるようにする支援，2）育休終了から職場復帰にかけての移行支援の2つに分かれるように思われる。本稿でも述べたように，男性の育休は法的には認められているものの，その認識はまだ薄く，「男のくせに育休かよ」といった前時代的な圧力もまだまだ強い。育休を取得するため周囲との調整の段階で壁に当たるケースは多いだろう。また，事前の段階においては，育休の「現実」が見えていない男性に対する支援も考えられ，産後の妻の身体・心理的な変化や生活の劇的な変化について心理教育を行うということも考えられる。一方，復職に際しても，上記のカネカショックのように，見せしめのようなケースも散見される。また復帰はしたものの，職場内での人間関係に軋轢が生じ，支援が必要となるケースも想定される。いずれも，産業場面ということで，社会保険労務士や職場の衛生管理者などと連携しながら支援を進めていくことが期待される。

　最後に，育休取得に関する心理支援については，それが子どもの発達に資する支援であることを強調しておきたい。産業現場における支援の場合，直接的な支援は，「父親」あるいは「母親」である「社員」ということになり，支援のフィールドも主に「社内」になると思われる。しかしながら，児童福祉法第二条に示されているように，全ての国民は，なによりも，「子どもの最善の利益」を優先して考えなければならず，育休にかかる支援も，父親・母親が子どもの育成について第一義的責任を有していること，その両親が子どもにとって最も身近な人的環境であ

ることを十分に認識する必要がある。これは，いわゆる生態学的システム（Bronfenbrenner, 1979 ; 1996）でいう，子どもの発達におけるエクソシステム（子ども自身は直接所属していないが，親などの日常的に子どもがかかわる人が所属している生活の場（マイクロシステム；例えば親の職場）から，間接的な影響を受けるシステム）として，産業場面での支援が位置付いていることを意識することでもある。支援者が子どもに直接かかわる機会はあまりないであろうが，目の前の社員の多重役割と家庭を考慮し，家族をシステムとしてとらえる姿勢は欠かせないと思われるのである。

文　献

Bronfenbrenner, U.　1979　*The ecology of human development : Experiments by nature and design.* Harvard University Press. : Mass.［磯貝芳郎・福富護(訳)　1996　人間発達の生態学—発達心理学への挑戦．川島書店．］

エン・ジャパン　2019　ミドル2500人に聞く「男性育休」実態調査『ミドルの転職』ユーザーアンケート．

https://corp.en-japan.com/newsrelease/2019/19305.html

繁多　進　2007　アタッチメントと行動発達．南　徹弘(編)　発達心理学，pp. 95-112．朝倉書店．

細川貂々　2009　ツレはパパ2年生．朝日新聞出版．

神谷哲司　2008　「育児する親」とジェンダー．柏木惠子・高橋惠子(編)　日本の男性の心理学—もう1つのジェンダー問題，pp. 185-190．有斐閣．

神谷哲司　2011　父親役割のドラマツルギー．日本発達心理学会ニューズレター，No. 62，pp. 4-5．

神谷哲司　2016　乳幼児期から児童期にかけての子どもの成長と夫婦関係．宇都宮　博・神谷哲司(編著)　夫と妻の生涯発達心理学，pp. 146-157．福村出版．

小室淑惠・天野　妙　2020　男性の育休—家族・企業・経済はこう変わる．PHP新書．

毎日新聞　2018　萩生田・自民幹事長代行：「男が育児　子供に迷惑」　講演で発言．毎日新聞．2018年5月28日東京朝刊，p. 27．

日本能率協会総合研究所　2021　令和2年度 仕事と育児等の両立に関する実態把握のための調査研究事業 労働者調査結果の概要．

https://www.mhlw.go.jp/content/11900000/000791052.pdf

日本生産性本部　2021　労働生産性の国際比較2021．

https://www.jpc-net.jp/research/assets/pdf/report_2021.pdf

西　成彦・伊藤比呂美　1992　パパはごきげんななめ．集英社文庫．

Schaffer, H. R.　1998　*Making Decisions about Children*（*2nd Eds.*）．Blackwell：Oxtord.［無藤　隆・佐藤恵理子（訳）　2001　子どもの養育に心理学がいえること―発達と家族環境．新曜社．］

滝川麻衣子　2019　男性の育休は家族を幸せにするか？　取得した家で起きたことと妻たちの願い．ビジネスインサイダー　2019年 5 月27日．
https://www.businessinsider.jp/post-191323

復職／就労支援における家族支援

復職支援の現状から家族を考える

椎 野　睦

はじめに

　本稿は表題の通り「復職／就労支援における家族支援」について述べるものである。はじめに現代社会における労働者の精神的不調による休職とその復職支援の現状について，次にその際の個人と家族の支援について述べる。また紙面の都合から家族支援を「既婚者であり，主として家計を支える者の復職／就労とその家族支援」を中心に述べる。内容は主として復職支援における労働者本人への直接的なものとなるが，その家族への心理教育やカウンセリング，ケースワークの前提として少しでも読者の役に立てば幸いである。

1　労働者のメンタルヘルスと企業の取り組み

　近年，精神障害による労災の認定件数は増加傾向にある。厚生労働省独立行政法人労働者健康安全機構（2020）によれば，精神疾患による労災認定件数は2006年に205件であったものが，2018年には465件と2倍以上に増加している。また，職場での「いじめ・いやがらせ」についても2008年から2018年までの推移をみると右肩上がりで上昇していることも窺われる。労働現場でのメンタルヘルスの重要性は企業，個人，そして

その家族にとって深刻な社会問題の1つであるといえる。

　厚生労働省独立行政法人労働者健康安全機構（2020）は「労働者の心の健康の保持増進のための指針（メンタルヘルス指針）」を策定し，労働者のメンタルヘルス不調や精神疾患等の疾病に至るリスクを低減させるために3つの予防（一次予防，二次予防，三次予防）を提唱してきた。

　一次予防では，メンタルヘルス不調を未然に予防することが中心であり，メンタルヘルス促進のための教育や増進に繋がる取り組みが中核的なものであり，2015年に義務化（労働者数が50人以上の事業場）されたストレスチェック制度はメンタルヘルス不調の一次予防を主な目的としたものであり，広く浸透してきた。

　二次予防では，メンタルヘルス不調の早期発見／早期治療を中心としたものであり，就労を支える様々な心理臨床的アプローチやキャリアカウンセリングなどの従来から産業心理臨床の分野において中核的に研究と実践が重ねられてきたものであると考えられる。

　三次予防では，再発予防を中心とした発症後の心理社会的なケアが中心となるもので，職場復帰支援や復職支援といったことが中核的なものの1つであると考えられる。

　厚生労働省（2022）が発表した2020年の調査では，メンタルヘルス対策に取り組んでいる事業所は全体の61.4％となっているが，その内訳は一次予防や二次予防が多い。三次予防の中心と考えられる「職場復帰における支援（職場復帰支援プログラムの策定を含む）」は24.8％となっている。就労者のメンタルヘルスに関する課題としてうつ病（気分障害）による休職率の高さが挙げられる。そして，うつ病の再発と再休職の高さは個人とその家族のみならず企業にとっても国（経済活動および財政への影響等）にとっても重要度が高く，今後一層の第三次予防の活性化が社会的な課題であると考えられる。

2　リワーク

　近年，うつ病などの気分障害で休業となった労働者への治療と職場復

帰までの支援（いわゆるリハビリ的機能）を総じて「リワーク」と称し，その活動が医療機関を中心に社会的に浸透してきた。一定の回復を示した患者に，職場復帰を目指すための作業と環境（主に再発防止を目的としたグループワークや集団精神療法）を用意し，そこでリハビリテーションを実施して復職の準備を行うというものである。有馬（2010）は，リワークの取り組みが広まる背景にはうつ病の労働者を治療して職場復帰させる側である精神科医の反省があるとしている。それは，主治医として患者の臨床症状や心理検査の結果，また患者本人の復職の意欲を十分に確認して復職可能診断書を書いたものの，復職した途端にまた再休職してしまうことが多くあり，産業医や企業側は「主治医診断書の復職可能という判断をどこまで信用していいのか」とかなり懐疑的に捉える傾向が強まってしまったこととしている。そして，精神科医が主治医として保証できるのは「病状が回復・安定し，最低限の日常生活は問題なく送られる状態にある」というところまでであり，「復職して問題なく就労できるかどうか」までは判断不可能であるとしている。それには主治医の立場では患者が復職して戻った際の作業環境，内部組織構成，就業規則や制度などを把握してケースワークすることが困難であることも挙げられている。

3　家族支援の重要性

このような復職支援の現状において，主治医と現場をつなぐ役割が心理を専門とする支援者には社会的ニーズがあると考えられる。また，厚生労働省（2022）の「労働安全衛生調査」によると，労働者がストレスを相談できる相手として「家族・友人」が78.5％と最も高く，次いで「職場の事業場外資源を含めた相談先に相談できる人がいる（カウンセラー等）」が69.2％であり，それ以外はすべて5％未満であった。そして，実際に相談した相手として「家族・友人」は73.5％であり，「事業場外資源を含めた相談先に相談した」というのは51.2％であった。それ以外はすべて3％未満であった。このような現状からも，外部の心理を

専門とする支援者の重要度は高く，また家族への相談率の高さから家族
への支援の重要性も高いことが窺われる。

4　個別対応の必要性と家族

　先述の通り，復職支援において第三の治療とも称されるリワークは重
要であり，併せて家族支援の重要性も高い。しかし，誰もが必要に応じ
て確実にリワークを利用できるかといえばそうではない。筆者自身の臨
床経験を中心に述べるとすれば，全般的にリワークプログラムを実施し
ているところが都市部に集中している傾向にあり，受けたくても物理的
に困難であるということが少なくない。そのような場合，様々な対処法
が考えられるが個人的には個別面接を通じたパーソナルトレーニング的
リワークプログラムを実施することが多い。具体的には，主治医の許可
も得られているクライエントに対し，そのクライエントの生活環境にあ
るリソースをアセスメントし，そこからプログラムの計画を立てる。
　たとえば図書館などは周囲に様々な人がいることで社会的な対人緊張
を適度に生じさせることができるし，漫画喫茶などは個室にこもること
もできる上に安定したインターネット環境で PC 作業を行うこともでき
る（ドリンク飲み放題というお店も多く快適である）。また地域のス
ポーツセンターなども活用することが多い。注意しなければならないの
は，昨今いわゆる「新型うつ」「ディスチミア親和型」と称されるよう
なうつや，発症の背景にパーソナリティの未成熟さや障害が窺われる場
合，そのリワークと称した過ごし方が倫理上問題となることもある（バ
カンス目的の海外旅行，過度な娯楽，過度な飲酒，投資信託，副業等）。
そういった点からもプログラムを実施する上では家族の協力が重要に
なってくる。そのような場合，配偶者を交えて合同面接を行うこともあ
る。そして，配偶者に復職までの計画立案，検討，実施の支持を協力し
てもらうことで復職と健康維持のための支援を行う。また，そういった
リワークは病院施設等の職場外で行われる「職場外訓練」と称されるも
のと，それを経て職場で勤務軽減をしながら実施される「職場内訓練」

と称されるものがある。この職場内訓練を円滑に行い，職場内の関係者と適切な連携やリファーを行うことも支援者としては重要である。また，家族に対してその説明と合意を得ることも重要になる。

次に，家族支援において重要であると考えられることについて「社会的側面」と「心理的側面」の2つの視点から述べる。

5　社会的側面

家族支援における社会的側面はケースワーカーとしての色合いが強いが，とくに無視・軽視できない問題が金銭的な問題である。具体的には「有給休暇」「療養休暇」「休職」というものが業界にもよるが休暇の制度上異なるものであり，一言で「休職中」とくくられることが多い。自宅療養期間をどのような休暇期間として過ごすかを所属先の組織の規定をしっかりと理解する必要がある。それにより支払われる給与も大きく異なってくることが多い。

たとえば，ある分野の公務員であれば自宅療養が有給休暇や療養休暇であれば100％給与が保障されるが（個人の休む権利であるため），休職となると20％減の80％が保障される。さらに休職であれば10％は県から，10％は組合から補填があり結果として休職中も100％保証があるということもある。また休職期間は3年間と上限が決まっており，それ以上の休職は退職となるが再休職は認められるということもある。これは一例であり，療養休暇や休職の段階で給料の補償が0％のところもある。また休職が許される期間も半年や1年間のみ，再休職は認められないなどという取り決めの企業もある。このような制度上の規約の理解とそれにもとづいた計画は休職者本人に伝えなければならないが，一人で抱えさせてしまうことは精神的な負担に繋がりやすいため，家族の理解と協力を得ることが多い。その他に「精神障害者保健福祉手帳」「自立支援医療制度」なども家計における金銭的な支出を抑える上で有益であるが，患者本人に手続等を委ねるよりも家族の協力を得た方が滞りなく，また本人の負担を軽減するという点から支援的なかかわりになると考えられ

る。

6　心理的側面

　休職に至ったクライエントは「業務上のパフォーマンス」「自己意識
の回復」「対人関係」の悪化が問題として生じやすい。そして，それら
3つの変化が相互作用を起こし，モチベーションやキャリア意識に大き
な変化を及ぼし，それが家族関係に否定的な影響を及ぼすことが多い。
　業務上のパフォーマンスの低下については，日常生活のリズムを整え
た上で社会生活上の能力を回復させることになるが，通常のリワークプ
ログラムでは多種多様な職種の人々が参加していることが多く，個別の
対応が求められることも少なくない。また職種としての特殊性を考慮し
たリワークは職場訓練の文脈で実施されることが多い。この際に，現場
に戻ること特有の負荷の高さから一気に調子を崩すことが多く，また現
場に足を踏み入れたときに今までの遅れを取り戻そうと張り切りすぎて
しまい，すぐに燃え尽きてしまうことも少なくない。また軽減勤務によ
り周囲に対して罪悪感を抱き情緒が不安定になることもある。家族支援
については特に日常生活のリズムを整えることや，このような過程で生
じる休職者の心身の不安定感を軽減するサポートが重要になる。また，
職場訓練期間中は労災が利かない場合が少なくないため，現場での業務
は十分な注意が必要である。職場訓練から復職後しばらくの間は総じて
遅れを挽回しようと張り切りすぎてしまう傾向にあることが多い。プロ
アスリートのケガによる戦線離脱からの復帰のプロセスの如く「まずは
70％で様子をみて，徐々（数か月かけて）に100％の能力を安定して長
期にわたり発揮していけるよう調整していく」というのが基本になる。
その際，焦らずに調整を図っていくことを支える家族の協力は重要にな
る。
　自己意識については，理想的なキャリア計画からの逸脱感に加え，職
場に出勤せずに自宅にいる時間が長くなることで家族の自分への評価や
近隣の住人の評価が気になり，自己肯定感，自己効力感，自尊心の低下

を示すことが少なくない。この場合，リワーク・リハビリを兼ねて「家事」をプログラムに導入することが筆者は多い。とくに食事について活用することが多い。朝決まった時間に起床し，家族の分も昼食と夕食の献立を考え，買い物に行き，帰ってきて食事の用意をし，片付けまで行う（もちろん一定の回復を示した後である）。心身の健康管理を栄養面から考え，家計を考え，見通しを立てることの良いリハビリとなり，また家族内で健康な会話を増やし，それが自尊心や自己効力感の向上にもつながる。また職場復帰後には，ややもすると休職していたことにより会話がぎくしゃくしたり，同僚も会話の内容に気を遣いすぎてしまうあまり話しかけにくくなりがちだが，「食」や「栄養による心身の健康管理」はそういった際の健康な会話のネタを用意することにもつながる。このようなプログラムを行う際には家族の協力を得ることが必要となることが多く，そのための相談と助言を行い，調整することが家族支援においては有意義であると考えられる。

　人間関係については，リワークプログラムや個別面接を通じて，また上記のようなパフォーマンス調整や自己意識の改善によって改善されることもある。しかし，場合によっては職場の人間関係について関係者間で調整が必要になることもある。家族支援としては，とくに家族内では安心できる居場所を作り，自尊心や自己肯定感を健康に維持できる関係性が重要になる。

　またパフォーマンスの変化や職場でのポジションの変更により，大きなキャリア転換を余儀なく迫られることもある。収入や就労環境の変化により，家族の長期的な計画（理想としていた家族成員の在り方，住居，余暇の過ごし方，老後等）も再考しなければならなくなることがある。その際には個人のカウンセリングのみならず家族との合同面接を行うことも少なくない。家族と仕事を今後の人生においてどのように位置づけ，どのような人生を求めるかを整理するためにライフキャリアプランを再考するカウンセリングが重要になる。

7　離　職

　近江商人の経営哲学に「三方よし」（売り手よし，買い手よし，世間よし）という考え方がある。これは産業心理臨床において援用されることがしばしばある。産業心理臨床を行う上で従業員個人をケアすることが重要なのは言うまでもないが，そればかりを過剰に行うことで組織に対して深刻な悪影響を及ぼしてはならない。たとえば，公立学校の教員で1組の担任の先生が休職しているとする。すると学期中は教員の補填はなく同学年で他のクラスの先生が1組をカバーするということがある。それにより過労で2組や3組の先生がダウンしてしまうという二次的・三次的な問題も生じかねない。またそのような二次的・三次的な問題が警察や消防，医療現場で生じると命に係わる問題が生じる可能性が高くなる。それゆえに「個人よし，所属組織よし，世間よし」となるような支援のあり方が産業心理臨床家には求められる。さらに言えば，その三方よしで考えられたことに「家族」が得心しないようであれば，離婚をはじめ様々な家族問題が生じる可能性が高く，ひいてはそれが仕事に悪影響を及ぼしかねない。そのように考えると，産業臨床は「四方よし（個人よし，所属組織よし，世間よし，家族よし）」であることが望ましいと考えられる。それは，場合によっては離職を検討しなければならないこともある。その際には次の仕事についての相談や家族との話し合いにおいて様々な相談に応じることが求められる。

おわりに
　本稿では，昨今の感染症問題（コロナ禍）による影響を考慮していない。近年はコロナ禍による健康上の問題とそれによる家族関係の変化，所属組織の倒産や休業，離職といった問題もある。また在宅ワークが促進されたことによる功罪も家族支援の文脈では考慮する必要がある。そしてアフターコロナの世界では様々な仕事がオンライン化したことにより，関係性の希薄化など新たな問題が生じる可能性があるが，今まで問

題となっていたことが自然と解決している側面もあることを大切にしたい。

参考・引用文献

有馬秀晃　2010　職場復帰をいかに支えるか―リワークプログラムを通じた
　　復職支援の取り組み．日本労働研究雑誌，601，74-85．
厚生労働省独立行政法人労働者健康安全機構　2020　職場における心の健康
　　づくり―労働者の心の健康の保持増進のための指針．
厚生労働省　2022　令和2年「労働安全衛生調査（実態調査）」の概況．
　　https://www.mhlw.go.jp/toukei/list/r02-46-50b.html

ハラスメント相談にブリーフセラピーを用いる意義について

特別なことをしないことによる特別な効果

成 海 由 布 子

はじめに

　産業臨床の中でもとりわけハラスメントにまつわる相談において，結果としてその後うまくいくかどうかは，どの心理療法のオリエンテーションを使うかにかかっていると実感することが多い。クライアントの話し始めの時点ではとても解決しそうにない流れになりやすいハラスメントにまつわる相談も，ブリーフセラピー固有の問題の見立て方に基づいて話を聞くうちに，思いもよらない方向から解決の兆しが見えてくることがよくある。一方，ハラスメントにまつわる相談がうまく機能しない場合，令和2年度厚生労働省委託事業「職場のハラスメントに関する実態調査報告書」からうかがえるように，個々の労働者は，健康を害したり，その職場で働くことへの動機づけがもたなくなり，退職につながったりしてしまう（厚生労働省，2021）。

　長年，産業領域で心理臨床を行っている筆者の経験から，クライアントがハラスメントにまつわる問題に遭遇しながらも就労を継続し，かつ肯定的な変化および解決をもたらすことが可能なコツのようなものが，本来的にブリーフセラピーに備わっているように感じている。このたび，ハラスメント問題においても変わらず解決をもたらすことが可能なブリーフセラピーの背景理論について，改めて論じてみたい。なお，ここ

でいうブリーフセラピーとは，カリフォルニア州パロ・アルトの家族療法研究所，Mental Research Institute（通称，MRI）内に1967年併設されたブリーフセラピー・センターに始まる実践を指す。

1　ハラスメント問題がこじれてしまう相談のあり方

　一般的な心理療法のオリエンテーションでは，基本的にクライアントの「誤り」を正すことで問題を解決可能なものとし，危機的状況を乗り越えようとする傾向にある。例えば来談者中心療法では，クライアントの「自己不一致」という本来そうあるべきでないと考えられる「誤った状態」を正そうとし，認知行動療法では出来事に対する「誤った信念や思考」を，正そうとすることなどがその具体例である。そのような治療には，クライアント自身も「確かに正すべきだ」と思っていることが必要だろう。しかしハラスメント経験による心身への影響とは，「怒りや不満，不安などを感じた」り，「仕事に対する意欲が減退」し，「眠れなくなった」りしているのが現状であり（厚生労働省，2021），そのような中で支援者であるはずのセラピストから，暗にクライアント自身に問題があるという前提を突きつけられてしまうことが，納得感を得られるとは考えにくい。共感的・受容的に話を聴くにとどめるとしても，ハラスメント事案とは，職場の対人関係上の問題の中でも厳しい対決構図となりやすく，外傷体験として深い傷を負いやすい問題であり，クライアントの語りは深刻なものになりやすい。セラピストがそのようなクライアントの深刻さを含めて共感・受容してしまえば，問題はますます深刻かつ大きなものになってしまいかねない。

2　ハラスメントにまつわる相談の状況

　筆者の産業領域での臨床経験を振り返ると，クライアントの相談ニーズは2種類に分かれるように思う。
　1つは，自らが受けた行為をハラスメントと認定し，ある程度公に行

為者を罰して欲しいというニーズを持つ相談で，もう１つは，自らが受けたハラスメント的行為そのものよりも，その結果として今苛まれている心の苦しみや業務遂行上の具体的な困りごとについて何とかして欲しいというニーズを持つ相談である。前者の場合，クライアントはハラスメント問題そのものの決着を望んでおり，ハラスメント行為の有無の認定および事実確認までを所掌し，法的あるいは社内規程などに基づく制度的な解決を目的とした社内外の専用窓口について情報提供することで，いったん相談が終わることが多い。後者の場合，クライアントが今抱えている職場の問題における苦しみや，仕事上の具体的な困りごとについて語る中，状況説明の一環として「ハラスメント」という言葉が登場するもので，主訴はハラスメント問題の決着ではなく，ハラスメント的行為にまつわる対人関係上の問題の解決である。

3　相談ニーズへの配慮についての重要性

　セラピストは，制度上の解決と対人関係上の問題解決という枠組みの異なる相談ニーズがあることを認識しておく方がよいし，ニーズの相違に基づいた相談のバリエーションがあり得ることを，クライアントに説明できる必要がある。なぜならハラスメント相談にどのような枠組みの相談があり得て，どのような結果を期待し得るのかは，たまたま相談した相手や相談機関の考え方の問題という偶然性に依存しており，クライアント側があらかじめ知り得る状況とはなっていないからである。またこのような情報をクライアントに伝えることは，ハラスメント問題の決着の如何を問わず，職場の対人関係上の問題解決は可能であるというブリーフセラピー実践上の希望的側面をクライアントに明示することにもつながるものと思われる。

4 ブリーフセラピーでハラスメント相談がうまくいく 2つの観点

ブリーフセラピーの理論上の観点

なぜブリーフセラピーがハラスメント問題の膠着状態を回避し，状況の悪化を招きにくいのか，2つの観点が考えられるが，その1つは，ブリーフセラピーの問題形成と解決に関するそもそもの理論に由来する。ブリーフセラピーではもともと理論上，問題状況の理解および解決のために，ハラスメント行為の有無という事実認定の必要はない。クライアントが「ハラスメント」という言葉を使おうと使うまいと，話の聴き方が大きく変わることもない。ブリーフセラピーでは，クライアントが属する相互作用システムにおいて，当人が何を問題だと捉えていて，その問題がどんな風に維持されているのかを見極めようとする。この観点では，解決が問題である（Ray & Schlanger, 2009／小森（監訳），2011）。つまりブリーフセラピーにおいては，問題が問題であるがゆえにそれが問題となるのではなく，問題を解決するためになされる解決努力の繰り返しが問題を維持しているのであり，もしこのうまくいっていない解決努力を阻止することができれば，問題は消失する，というシンプルな理論に基づいている。

　もう少し具体的には，ある相互作用システムの内部において，「まちがった」というラベルを貼られた行動と，それを取り除こうとする効果のない解決努力とのあいだのポジティブ・フィードバック・ループからなる悪循環により問題が維持されていると説明される。したがって我々セラピストがやることといえば，ひたすらクライアントが誰のどの言動に「まちがった」とラベルを貼り，どのような対処行動による解決努力を繰り返しているのか，という点に焦点をあてて話を聴くことである。そしてブリーフセラピーの目的は，この悪循環を断ち切ることに尽き，理論上，それ以外のことは求められていない。

面接マネジメント上の技術的な観点

ブリーフセラピーがハラスメント問題の解決に効果があると考えられるもう１つの理由は，解決を構築する面接マネジメント上の技術に由来する。この観点からいえば，ハラスメント相談だからといって必ずしもハラスメント問題を扱わなければいけないわけではない。あくまでもクライアントが望む状態を目指すことが重視され，ハラスメント問題があるがゆえの困りごとの解消や，ハラスメント問題があるがゆえに阻害されているクライアントの望みの実現を重視し，面接のゴールとする。そのようなゴール設定は，「何がどうなったら今回相談して良かったと思えそうか」という開始の質問（スターティング・クエスチョン）によって達成が可能になる。この質問によって，クライアントが望む方向の解決可能性に開かれた面接をマネジメントしようとする。これはあらゆる問題に対して同じことがいえ，子どもの不登校であれ，事故や事件であれ，その問題自体がいかに深刻であったとしても変わることのないブリーフセラピーの面接マネジメント上の主要な戦略である。

5　ハラスメントが問題ではなくなった事例

以下に記す事例はプライバシーなどに配慮した改変をしている。

人事部メンタルヘルス対策担当者として勤務していた折，ある部署の課長職から「部下の話を聴いてやってほしい」というオーダーを受けた。課長職によると当該部下Aは，部署内の課長より上の階層の管理者らによる「ハラスメント行為の常態化」を指摘し，たびたびメンタルヘルス不調に陥って突発的に休業するということであった。さらに詳しく知るべく事前の電話で課長職に尋ねたところ，当人は，上司らにハラスメント的行為の常態化を止めさせ，まっとうな業務遂行のオペレーションを実現させることを願っており，ハラスメント的行為を働いている上司らに対する怒りの感情を強く持っている，とのことであった。この事例は，2で述べたとおり，まず本人にハラスメント相談のあり方についての情報を提供し，3で述べたブリーフセラピーの背景理論と面接マネジメン

ト技術の両輪に基づいて話を聴き，結果，肯定的な展開を見て1回の面接で終結したものである。特別なことは何一つしていない。

【セラピストが部下A本人に最初に伝えたこと】

- ハラスメントの事実確認を含むハラスメント問題解決のための相談窓口は社内外にあり，情報提供が可能なこと。
- 社内のハラスメント相談窓口の活用を希望する場合，人事部内の専門の担当者に繋ぐことが可能なこと。
- ハラスメント相談とは別建てで，メンタルヘルス対策部署の担当者として，職務遂行上の困りごとなどの具体的な問題解決を目指した相談支援が可能なこと。

【開始の質問（スターティング・クエスチョン）によって語られたこと】

- ハラスメント行為の認定という悪者の特定に意義を感じているわけではなく，またそこにエネルギーを割きたいわけではないこと。
- 「常態化したハラスメント行為」とは，上司らの立場であれば改善可能なはずの問題に対し，一方的に「問題ではない」と判断して放置することで，部下である自分たちを延々と苦しめている状況のこと。
- 真面目に改善に取り組んでいるにもかかわらず，当該上司らから敵視され，関係性も悪化したまま，いっこうに改善しない状況に心身ともに疲れていること。
- 望むこととしては，たとえ劇的な状況の改善がないとしても，普通に前向きに仕事をしていきたい。
- これまでに行ってきた解決努力は，件の上司らに「反論できない正論によって彼らの誤りを指摘する」というもの。

セラピストからはまず定石どおり，「直属の上司にちゃんと相談できたこと」，「業務全体のために改善しようと真摯に取り組んでいること」，「職場の問題を冷静に分析できていること」をコンプリメント（承認，賞賛，ねぎらい）した。そしてAの「自分の指摘があまりに正論であるため，さすがに上司らの面目丸つぶれで可哀想に思うこともある」というフレームを活かして，「あなたのように論理的で真面目な優秀な部下を持った上司らこそ，実はへとへとに疲れて大変なのでは？」とリフ

レーミングし，上司らにどう対峙するか考えてもらったところ，「時にはボスマネジメントの一環として，感謝を伝えて持ち上げてみる」とのことであった。

【1か月後の課長職へのフォローアップで語られたこと】

- これまでに比べてAが元気になったように見え，突発的な休業が減ってきたこと。
- Aが敵視していた上司らのうちの1人とAが職場内で歓談する姿がはじめて見られたこと。
- Aが自分なりに改善したいと思う点について，上司らの根本的な変化を求めることではない方法による働きかけを，課長職に対して相談するようになったこと。

　フォローアップ時，課長がこれ以上の対応は今のところ必要ないと判断したことにより，支援終結とした。当事例において，Aの状況が改善した因果は究極的には不明である。ただ，セラピストがブリーフセラピーの理論に忠実に問題を見立てながらAの話を聴いたこと，ブリーフセラピーの面接マネジメント上の戦略に忠実に面接を進め，介入案を示したこと，それにAが快く乗ってくれ，状況に肯定的な展開が起こったことは事実である。理論に基づいてシンプルに悪循環を断つことのみを目指し，クライアントの望む変化を狙うべく面接マネジメントを行ったことで，ハラスメント問題にまつわる相談においても，解決を見ることができた。

おわりに

　経験的に，ハラスメント相談に対してブリーフセラピーが有効となる秘訣があるように感じていた。しかしこのたび，どのような点に注意を払ってハラスメント相談に対峙してきたかを振り返って論じてみて，特別なことを何もしないことにこそ，ブリーフセラピーの持つ安定した問題解決力を再確認することができた。ブリーフセラピーの問題形成と解決の概念は，おそらくどのような問題にもフィットし，効果を発揮する本来的な力を持っているであろうことを，今後も実践を積み重ね，検証

していきたいと思う。

文　献

浅井継悟　2013　認知行動療法への疑問 特集1　クライアントを問題と見な
　す治療構造について. *Interactional Mind VI (2013)*, pp. 15-18.

Bay, W. A. & Schlanger, K,　2009　One Thing Leads to Another. Bedux Fisch,
　R., Ray, W., A., & Schlanger, K. (Ed) *Focused problem resolution.* Zeig,
　Tucker, Theisen Ink.［小森康永（監訳）　2011　解決が問題である— MRI ブ
　リーフセラピー・センターセレクション. 金剛出版.］

厚生労働省　2021　令和2年度厚生労働省委託事業 職場のハラスメントに関
　する実態調査報告書.

野口修二　2013　認知行動療法への疑問 特集1　何をもってクライアントの
　信念や思考を誤りとするのか. *Interactional Mind VI (2013)*, pp. 12-14.

若島孔文・長谷川啓三　2000　よくわかる! 短期療法ガイドブック. 金剛出
　版.

EAP における家族システム論の応用

石 黒　周

はじめに

EAP（Employee Assistance Program）は，組織で働く従業員のメンタルヘルスを含む諸問題を解決するために，カウンセリングを軸に支援を行うサービスの総称であり，「従業員支援プログラム」と訳される。労働環境が急激に変化する中で，労働者が抱える問題は多様化・複雑化しており，より高度で専門的な支援が EAP にも求められている。EAP は個人だけでなく，組織全体を支援の対象としていることから，問題への対応についてはシステム論的な視点による支援が有用であると考えられる。

EAP は，日本心理学会が作成した公認心理師標準シラバスに独立した項目として含まれており，産業・労働分野における心理支援ニーズを包括する仕組みであるにもかかわらず，心理臨床の領域では認知度がそれほど高くないのが現状である。そこで，本稿ではまず EAP の定義や鍵となる概念などの全体像を説明する。さらに，EAP の相談支援の特徴を概観することで，EAP が産業・労働分野において家族療法を有効に展開できる場であることを提示したい。

1 EAPの歴史と日本での状況

　EAPにおける支援展開を理解する上では，その起源が職場のソーシャルワーク実践にあることは認識しておきたい。EAPの名称が使われだしたのは，1970年代のアメリカにおけるアルコール依存症対策の中においてである（Masi, 2011）。その後，労働市場の変化の中で多様化・複雑化する従業員個々の課題を解決するためのプログラムとして発展してきた。

　日本においては，職場における精神疾患を含むメンタルヘルス不調者への対応・対策へのニーズが拡大する中で注目されるようになった。特に，2000年に厚生労働省より「事業場における労働者の心の健康づくりのための指針」が公表され，「事業場外資源によるケア」として企業での導入が検討されるようになった。また，2014年の労働安全衛生法改正によりストレスチェック制度が義務化されたことで，市場規模は拡大傾向にある（シード・プランニング, 2016）。しかし，EAPを導入する企業は一部であること，また導入していても効果が十分に認識されていないなどの課題がある。このことは，企業におけるメンタルヘルス対策がメンタルヘルス不調者の増加は食い止めてはいるが，減らすまでには至っていないこととも関連する。全国の上場企業向けの「メンタルヘルスの取り組み」に関するアンケート調査で，最近3年間の「心の病」は「増加傾向」22.9%，「横ばい」59.7%，「減少傾向」11.1%である（日本生産性本部, 2021）。「増加傾向」とする企業は2006年をピークに減少し，2019年の調査で一時的に上昇したが，歯止めがかかっている状態である。

　そうした状況の中で，近年，職場のポジティブなメンタルヘルス対策への関心が高まっているが，そうした取り組みは産業保健の領域のみで実現することは困難であり，経営・人事との連携が不可欠である。EAPについても単なるメンタルヘルス対策の手段としてではなく，職場環境改善などのマネジメント支援や個人の自律を促すキャリア形成支

援など組織開発や人材育成の部門と連携することで，より高い成果をもたらす可能性がある。

2　EAPの定義とコアテクノロジー

　EAPでは，職場の生産性に影響する従業員個々の課題，組織全般の課題について，専門コンサルタントや心理カウンセラーなどが総合的に支援を展開する。軸となるサービスは，経営者，管理監督者，人事労務部門や社内産業保健スタッフなどへの情報提供や助言・提言（コンサルティングサービス）と，従業員向けの相談窓口（カウンセリングサービス）である。それ以外に，ストレスチェックを含む組織サーベイや各種研修プログラムの提供などが含まれる。

　国際EAP協会（Employee Assistance Professionals Association：EAPA）の定義によれば，EAPとは「(1)生産性に関わる提言を行い，(2)従業員をクライアントとして個人的な問題の整理や解決を援助」することを目的に組織とそこで働く従業員のためにデザインされた総合的なプログラムである。個人的な問題には，「健康（ウエルネス），メンタル，家族，経済問題（借金など），アルコール，薬物，法律，感情，ストレス，など仕事の結果に影響を及ぼしうる様々な問題」があげられる。また，具体的な援助方法や対象などについて，EAPのコアテクノロジーが示されている（国際EAP協会日本支部，2013 和訳改定）。このコアテクノロジーを参考にしてEAPの支援の枠組みをまとめると図1のようになる。これらの支援やサービスを包括的に提供することがEAPである。

　現在，日本においてEAPを標榜する事業者は，100社以上あるといわれる。その中には，医療機関に属するカウンセリングルームから，社会保険労務士や心理カウンセラーなどの個人が運営するものまであり，提供するサービスを限定している事業者も含まれるため，全ての事業者が総合的な支援の仕組みとしてのEAPサービスを提供しているわけではない。

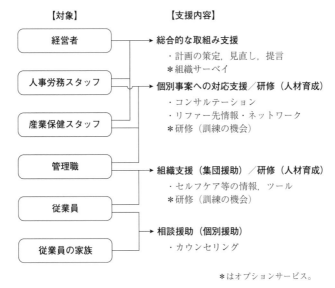

【対象】 【支援内容】

経営者 → 総合的な取組み支援
　　　　　・計画の策定，見直し，提言
　　　　　＊組織サーベイ

人事労務スタッフ → 個別事案への対応支援／研修（人材育成）
　　　　　・コンサルテーション
産業保健スタッフ　・リファー先情報・ネットワーク
　　　　　＊研修（訓練の機会）

管理職 → 組織支援（集団援助）／研修（人材育成）
　　　　　・セルフケア等の情報，ツール
従業員　　＊研修（訓練の機会）

従業員の家族 → 相談援助（個別援助）
　　　　　・カウンセリング

＊はオプションサービス。

図1　EPA のコアテクノロジー

3　EAP の相談援助

　EAP の中心的なサービスである従業員向けの相談窓口を導入する場合，従業員にカードやチラシ，ポスターなどで告知する（図2：筆者の所属機関が提供する EAP 告知カード（見本））。従業員は，時間帯や回数など決められた条件内であれば無料で申し込むことが可能で，利用したことを会社へ報告する義務はない。EAP のサービス提供側からも，正当な理由がない限り，相談者の氏名や相談内容を勤め先に知らせることはない。導入企業へは，件数と相談のテーマ（「職場の人間関係の悩み」「プライベートに関すること」など）の集計として報告され，組織における総合的なメンタルヘルスケアや生産性向上の取り組みの検討に活用される。

　相談内容としては，メンタルヘルスの諸問題，ハラスメントやコンプライアンスに関わる問題，個人のキャリア課題など，多様である。仕事以外にプライベートの悩みにも対応する。また，従業員からの自主的な

図2　著者の所属機関が提供する EPA 告知カード（見本）

申し込み以外に，人事労務スタッフや管理職などからの紹介（リファー）による利用もある。

　メンタルヘルス不調者や不調が疑われる従業員からの相談の場合は，医療機関への受診の有無を確認し，必要であれば受診できる診療所やクリニックの情報を提供したり，職場内の資源（産業保健スタッフなど）との連携を図ることも重要な役割になる。職場内の資源との連携が必要な場合は，相談者へその必要性を説明して同意を得る努力をし，かつ，許可された範囲で相談内容を共有する。ハラスメントや業務上の不正など，コンプライアンスに関わる事項においても同様である。

　EAP における相談援助は，費用の負担者と相談者が違うため，企業側の利益の最大化と相談者（従業員やその家族）の利益の最大化を同時に扱うことになる。費用を負担する企業側には，単に費用を負担するだけでなく，EAP に対して明確な利益（従業員のメンタルヘルス不調による生産性低下の防止，リスクマネジメントなど）を求めている。

　先にも説明しているが，費用の負担者である企業側は，どの従業員が，どのような相談をしているかを知ることができない。そのため，EAP

サービスの提供側には，企業として安全配慮義務等の法令が遵守されているか，相談された内容を放置した場合の企業側のリスクはどの程度かを判断して組織内の担当者と対応を協議できるようにする役割がある。その場合，「何（誰）が問題か」といったコンテンツベースではなく，「どのように問題か」というコンテクストベースの視点で状況を整理すると，相談者に対して企業への情報提供の必要性を伝えやすい。なお，企業に報告した場合の相談者側のデメリットについても十分に検討し，従業員側の不利益を防ぐための配慮も丁寧に行う必要がある。

4　EAPにおける相談援助とシステムの視点

　EAPにおける相談援助は，単に相談者個人の問題へのアプローチではない。相談者である従業員やその家族が抱える課題解決を通じて，組織の生産性向上やリスクマネジメントに貢献することを意図している。そのため，相談者が語る問題の背後にある組織的な課題に目を向けることも重要になる。もちろん，すべてのケースにおいて組織的な課題を抽出したり，組織的な課題を解決したりすることが求められているわけではない。ただ，この視点を個別支援においても意識することは，個人の問題に終始することで絶望感や閉塞感が増すことを避け，自由な発想で解決を創造する道を開いてくれるメリットがある。職業上の悩みや問題は，個人の努力だけでは解決が難しいことも多く，問題を完全に取り除けないことも多い。また，EAPでの相談援助は企業との契約で1テーマ（もしくは1人）ごとに利用回数が決められているため，そういった柔軟な発想や対応は重要となる。

　だからこそ相談者が属している複数のシステムに目を向けることは有用である（図3）。職場システムであれば上司や同僚，部下との関係があるし，その職場が持つ風土や経営方針などが関わってくる。治療システムであれば主治医との関係，場合によっては産業医などの産業保健スタッフからも影響を受ける。また，家族システムも仕事のパフォーマンス発揮に大きく影響する。カウンセラー自身も，EAPサービスを提供

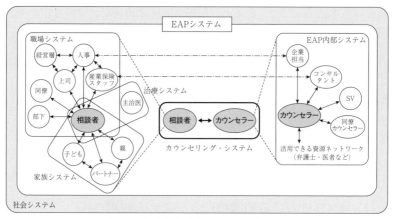

図 3　相談者とカウンセラーの関係するシステム

する組織システムの中で，同僚カウンセラーや営業担当から得られる企業側の情報などに影響を受ける。また，弁護士や医者など他の専門職とのネットワークを活用することで支援展開は変わってくる。さらに，EAP 全体が社会システムの一部として，社会的な価値観や経済状況，法律など国が定める基準や方針に大きく影響を受けている。

　相談者である個人が関係する複数のシステムの中で，各システムが持つ機能が発揮されていない部分を見つけ，それを補完したり，補修したりすることで，その機能が発揮されるように促すことが個を通じて組織へアプローチすることになる。

5　相談援助の具体的な展開—家族療法との接点から

　かなり簡素化した形にはなるが，EAP における相談援助の展開を架空事例で紹介したい。

【事例】　夫婦問題についての相談
　夫婦で喧嘩が絶えない。仕事から帰ると，毎日のように相手から責められる。こちらも我慢できずに，怒鳴ってしまう。昨日，相手から「もう，離婚する」と言われてしまった。離婚はしたくないが，どうしたら

いいのかわからない

　このようなケースの場合，家族療法であれば，まずは夫婦関係の悪循環を見立てて，介入を考えることだろう。しかし，EAPの相談援助では，家族の問題を聴き取ると同時に，職場への影響を確認する。仕事上での影響はどれほどか，職場の誰がこの問題を知っているかなどを問いかける。なぜなら，生産性への影響や相談者のメンタルヘルスの悪化が予想されるならば，職場との連携を検討する必要があるからである。カウンセラーと相談者のやり取りは以下の通りである。

カウンセラー：夫婦の問題で疲弊しているようですね。仕事への影響はでていませんか。
相　談　者：職場にはこれ以上は迷惑をかけられません。今，新しいプロジェクトを任されていますが，その進捗が遅れており，そのことで迷惑をかけています。仕事でイライラしているところに，家でもいろいろと言われて，本当に余裕がありません。
カウンセラー：（相談者さんが）そのように余裕がない状態ということを，職場の上司などは知っていますか。
相　談　者：家庭のことはさすがに言えていません。仕事については，進捗の遅れを上司も知っていますが，具体的には話せていません。自分の気持ちだけが焦っている感じです。

　このように，仕事への影響や職場での人間関係を確認すると，経験がない仕事を任されて気持ちばかりが焦っていること，進捗が遅れているが周囲からの支援が乏しいことなどが分かり，図4のような悪循環が見立てられる。

【初回相談での介入】
　仕事のことが夫婦関係にも影響していないか確認すると，「仕事上の

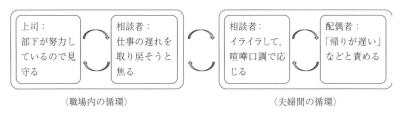

| 上司：
部下が努力し
ているので見
守る | 相談者：
仕事の遅れを
取り戻そうと
焦る | 相談者：
イライラして，
喧嘩口調で応
じる | 配偶者：
「帰りが遅い」
などと責める |

〈職場内の循環〉 〈夫婦間の循環〉

図4 職場内―夫婦間の悪循環

焦りから夫婦のやりとりが億劫に感じる」「いつもならやり過ごせることも気に障る」とのことである。そこで，仕事上のイライラを家庭に持ち込まないための工夫として，主に職場での対処について話し合い，相談は終了する。

　EAP の相談は短期での終結を目指すモデルではあるが，職場や仕事への影響が予想される場合はフォローアップを提案する。そうすることで，メンタルヘルス不調を予防するとともに，早期対応に繋げることを可能にする。

【その後の経過】
　1 か月後のフォローアップでは，「仕事上ではプロジェクトの進捗について上司と話し合い，スケジュールを見直せた」「そのことを部下にも伝えたので，気持ち的に楽になった」と報告がある。夫婦の関係は，「喧嘩はあいかわらずだが，前ほどにはエスカレートしなくなった」と補足的に報告され，相談利用は終結となる。

　EAP において家族療法的な視点を活用することの強みは，個人の考えや行動特性といった要因に加え，職場システムや夫婦システムという広い視野で情報収集を行うことができる点であろう。仮に，この事例のような対応が難しい場合は，組織内の担当者と連携して相談者への対応を考えることも EAP では可能である。また，「イライラしているのは夫婦の問題からではないことをどのように伝えるか」など，夫婦システ

ムのコミュニケーションに介入することも検討できるかもしれない。

　本事例のように，家族療法のシステミックな視点で関係者のコミュニケーションを見立てることで，より柔軟に主訴に対応することができる。また，主訴を直接的に扱わなくても，問題の解消が行われる可能性がある。

おわりに

　ここまで述べてきた通り，EAP は組織全体としての生産性の維持・向上を目的とした総合的な取り組みであり，具体的な支援を従業員に対して行っている。また，組織システムを正常に機能させることにより，従業員個々の課題を解決に導くことを意図している。

　相談援助の場面では，まずは「個へのアプローチ」での解決を考えることになるが，手詰まりになることも多くある。個人を取り巻く複数のシステムに目を向けることは，相談者にとっても視野を広げるきっかけになり，より現実的な対処を検討することに繋がる。「人という社会的存在を，従来の何らかの狭い意味での個人心理学の枠組みで診るのではなく，人の社会的活動を視野に入れた臨床行為」（吉川，2014）という家族療法の特徴とも合致する点である。EAP における相談援助は家族療法から多くを学べると同時に，EAP は産業・労働分野における家族療法の展開の場となりえると考える。

文　献

Employee Assistance Professionals Association　2011　DEFINITIONS OF AN EMPLOYEE ASSISTANCE PROGRAM（EAP）and EAP CORE TECHNOLOGY［国際 EAP 協会　日本支部（訳）　2013　EAP の定義と EAP コアテクノロジーについて.］
　https://www.eapatokyo.org/eap とは /
花田光世　2006　個の自律と人材開発戦略の変化—ES と EAP を統合する支援・啓発パラダイム. 日本労働研究雑誌, 48(12), 53-56. 労働政策研究・研修機構.
川上憲人・小林由香　2015　ポジティブメンタルヘルス—いきいき職場づくりへのアプローチ. 培風館.

Masi, D. A. 2011 第1章 従業員支援プログラム（EAP）の定義と歴史.
森 晃爾・市川佳居・Dale A. Masi ほか 企業のメンタルヘルスを強化す
るために―「従業員支援プログラム」の活用と実践. 労働調査会, pp. 14-26.
日本生産性本部 2020 第10回「メンタルヘルスの取り組み」に関する企業
アンケート調査結果.
シード・プランニング 2016 EAP・メンタルヘルス市場の現状と将来展望
2017―ストレスチェック制度と健康経営関連市場動向.
吉川 悟 2014 家族療法とブリーフセラピー―日本でのそれぞれの主張.
こころの科学176, 14-19. 日本評論社.

産業医からみた雇用者と家族
過疎化がすすんだ町の精神医療

阿 部 惠 一 郎

1　ストレスチェックと専門心理職

　日本最北のメンタルクリニックを開いてちょうど15年になる。都心の患者さんと違って，純朴で優しい患者さんが多い印象がある。5年前から2か所の事業所で産業医のようなことをしている。1か所は普通の産業医，もう1か所は「こころの相談」を担当し，雇用者だけでなくその家族からの相談も受け付けている。こうした体制がとれるのも人口の少ない過疎の町だからなのだろう。産業医と言えば，まずストレスチェック。2015年に施行された「ストレスチェック制度」は事業者に対し，雇用者の心理的な負担の程度を把握するための検査（ストレスチェック）や，検査結果に基づく医師による面接指導などを義務づけていて，実施者は医師，保健師，必要な研修を修了した看護師や精神保健福祉士となっていたが，2018年（平成30年）8月9日，労働安全衛生規則の一部を改正する省令が公布・施行され，ストレスチェックの実施者に，必要な研修を修了した歯科医師・公認心理師が追加された。公認心理師の追加は言うまでもなく，公認心理師法（2015年9月16日公布，2017年9月15日施行）による心理職の国家資格と関係する。「必要な研修」を終了

するという要件があるので一般社団法人日本公認心理師協会は，ストレスチェック実施者研修を開催し，2019年6月の研修会では私も講師を務めたのだった。かつて臨床心理士養成の大学院で教鞭を執っていた者としての感慨を述べるならば，臨床心理士制度は医療に偏していたと思う。何故なら大学院の教育実習では医療機関での実習に重きが置かれ，教育，福祉，産業などの領域での実習はとても少なかった。臨床心理士と言うよりも医療心理士の名称がぴったりする。公認心理師が基礎的ライセンスで，その上に産業カウンセラー，教育カウンセラー，福祉カウンターなど専門心理職が国家資格として認められると良いと考えられる。さらに家族心理学的知識は心理職のすべての領域に関わると思われる。この点については末尾に触れることにする。なお、以下に述べる例では，年齢，性別，職業などの情報が人物の特定に結びつかないよう充分配慮して大幅に改変している。

　あるとき，60歳前後の産業カウンセラーと称する女性が私のクリニックにやって来て，勉強したい，特に思春期の子どもを診たいと話すので，来る者拒まず去る者追わずの私は，さっそく不登校の中学生の問診をお願いした。問診が終わってその中学生男児と産業カウンセラーが診察室に入ってきたところで，「私から1つだけ質問しますね。おねしょはありましたか」と私が尋ねると，「小学4年まで毎日，最近は月に1回くらい」と答えてくれた。診察終了後に産業カウンセラーは「何故おねしょを聞いたんですか」と，不思議そうな顔をして言ってくる。「うまく説明できないけれど，そう聞くことにしているんです」と呟く私。その後彼女はどんな患者さんの問診でも「おねしょ」について必ず聞くのだから凄い。それも「皆さんに伺っているので」という言葉も忘れない。別の機会に，地方にある大手企業の出先機関に勤めている社員が抑うつ状態で来院してくることがあった。そのときの産業カウンセラーは素晴らしかった。労働安全衛生法を熟知し，大手企業であればなおさらそれぞれの社風も心得ているようで，病気休暇について理解のある職場か，福利厚生はどうなっているかなど，患者さんに丁寧に説明してくれたのだった。心理職も専門分野によって違うのだと分かった。

2　自　殺

　ストレスチェックと公認心理師の連想から，少し横道に逸れてしまった。ストレスチェックの実施とその結果についても私は事業者から相談を受ける。元々ストレスチェックは過労死や自殺者の増加，さらにうつ病の増加とも関係する。実際には，多くの職場では過労死や自殺よりもオーバーワークやハラスメントの相談が圧倒的に多い。自殺統計を観ると有職者よりも無職者の自殺件数が多いので，無職者の希死念慮やうつ病は産業医にはフォローできない。

　最近，私が勤務する一つの事業所で自殺があった。この事業所の人数は50人を超えているので毎年チェックリストが実施されているのだが，自殺した人のこれまでのストレスチェックではいつも「問題なし」であった。職場の「こころの健康」講座で，私が話題提供した「自殺やうつ病についての話」をいつも熱心に聞いてくれていたので顔見知りだったこともあって，激しい衝撃を受けた。誰しも自殺を目の当たりにするのは辛いが，知っている人となるとさらにどうしようもなく切ない。2，3年前からストレスチェックが形骸化していて，この職場でもなるべく「何も問題がないような」チェックをする人が多くなってきたのが気になっていた。遺族が，葬式に参列した職場の関係者に向かって怒りを込めて，「息子は職場に殺された」と言ったことから，職場全体に動揺が走り，同じ部署の職員たちが不安定になったため，私は保健師や看護師に話を聞くように指示した。そのときに「聞き取りをするのではない。自殺の前に気になる変化があったかどうか。何でも良いから話したいことを言ってください」「事務的に尋ね，言いっぱなし，聞きっぱなし」の態度で行うように指示した。数日後に自殺した人と同じ職場の人たちの多くが，聞いてもらって良かった，少し気持ちが楽になったと語っていた。しかし自殺した人の直属上司は「みんなの言葉が，私に対する不平，不満が噴き出している感じで聞いているのが辛い」と言ってきたので，この部署に出向き，「同僚の自殺のために皆さんも PTSD になって

いる恐れがある。無理もないですね。自殺した同僚に対して，悩んでいたのならどうして話をしてくれなかったんだと。そして怒りの気持ちも湧いてきますね。みなさん，怒って良いのですよ」と話した。

　その後，数名の職員が私のところに話をしたいとやって来る。上司や同僚の悪口，家族の心配事，自分自身の体調など話していく。聞いてもらいたかったのだろう。今まで職場での不安や不満や悩みなど，何をどう言えば良いのか分からなかったようである。不眠，不安焦燥感が出現した職員やその家族への治療は，クリニックでの私の仕事になる。過疎化がすすんだ町では，精神疾患に罹患したことを隠すでもなく，そして患者さんたちの住まいも職場も把握できるので，家族の顔も生々しく目の前に突きつけられることが少なくない。親に認知症が始まったらしいとか，うちの子どもは発達障害じゃないか，不登校気味なのだといった会話が話される。そうしたことをかつて拙書で「人口密度が低くなると，人間関係密度は高くなる」と書いたことがあった（阿部，2012）。自殺の後に，職場の上司やメンタルヘルスを専門にしない産業医が周囲の職員と面接をすることがあった。職場内の人間関係から，攻撃的な，あるいは自殺の原因を誰かのせいにしようとする言動が引き出されてしまい，侵襲的聞き取りと相俟って，その産業医は職員たちの怒りを買い退職させられた，平常に戻るのに相当の時間と犠牲が払われることも珍しくない。

3　いじめ・ハラスメント

　今述べたケースのように，産業医をしている職場で自殺に出会うことは稀だが，いじめやハラスメントの相談は頻繁にみられる。あるとき入社したばかりの二十代前半の女性が眼を腫らしながら相談にやって来た。彼女の部署では三十代から四十代の男性が数人いて，いつも終業時間間近になると，その男性たちが彼女に様々な用事を，例えば大量のコピーをとることなどを，彼女に言いつけてきて帰りが遅くなってしまい，だんだん職場に行くことが辛くなって，出社する途中で過呼吸発作を起こ

して救急車で病院に運ばれ，親が職場にやってきてハラスメントだと訴えてくることがあった。男性たちはどうやら故意に終業時間間際に新入社員の彼女に対して用を言いつけていたようである。男性たち数人が「彼女か親に訴えられますかね」と，心配そうに私の部屋にやって来た。「分かりませんね。でも新入社員の女の子をいじめるのはやめた方が良い」と話すと，「まさか親がねじ込んでくるとはね」と驚いていた様子。それに過呼吸発作を起こして救急車で運ばれたことも予想外だったようである。彼らの「訴えられますかね」発言に，私は素っ気なく「知りません。これに懲りてわざと嫌がらせはしないこと。自殺もありますからね」と伝えた。彼女からは「仕事上，男性上司と一緒に昼食をとらなければならないようになったりするのも辛いです。恋人がいるかなど聞かれるんです。それにセクハラぽい話をされる」と相談されたので，そういう話は苦手であることを上司に言うように，それから職場では首からボイスレコーダーをぶら下げているように伝えると，「撃退法ですね」と笑う。それにしても過呼吸発作が起こるまで我慢していたとはなんとも気の毒である。

　ハラスメントでももっと強烈な反撃に手を貸したこともある。よろず相談受付みたいな私のデスクに，ワープロ原稿を抱えて硬い表情をした三十代後半の男性が上司のハラスメントを訴えてきたのだった。子どもがいて離婚歴のある女性と付き合っているのだが，職場の上司がことあるごとに職場でそのことを言い，女性を侮辱するような発言が多く，仕事を休む事態となりやってきたのだった。ワープロ原稿はその上司の発言をすべて録音し活字にしたものだった。読んでみるとあまりにひどい発言なので，その場で相談者を連れて総務担当に会いに行き，「すぐに対応するように。そうでなければ訴える」と伝えた。一緒に付いてきた相談者は「精神科医ってこんなこともするのですか」と，きょとんとしている。上司は更迭にならず，相談者がすぐに部署異動となった。その後相談者はその女性と結婚した。この男性はしばらく落ち着いていたようだが，異動した部署でまたハラスメントを受けたと訴えてきたのだった。仕事中に衆人環視の中，上司の机の横に立たされているのだと言う。

例によって録音したワープロ原稿を持ってくる。きちんと仕事をしないので厳しく注意を受けたことをハラスメントだと思ったらしい。仕事が中途半端であって，以前のように付き合っている女性のことを揶揄中傷されたのと違うことは原稿を読んですぐに分かった。職場で皆の見ているところで立たされている。周囲の同僚たちに聞くと「大の大人がまるで小学生のように立たされているのは確かにちょっとやり過ぎ。でも上司の気持ちも分かりますよ。仕事が雑でちゃんとやらない。厳しく言われるとすぐにハラスメントだと言うのだから」と呆れる。「結婚する予定の女性に対する侮辱と仕事上の怠慢を一緒にはできない。いくら録音したワープロ原稿を持ってきても力にはなれない。真面目に仕事をしなさい」と，私は一喝した。その後数か月に1回くらいの割合で姿を見せる。どうやら懐かれてしまったらしい。「先生は高齢だから時々生存確認のために来ないといけないと思う」私にそう言いながら笑うのである。

4　オーバーワークとワーカホリック

　仕事中毒やワーカホリックは，生活の糧を得る手段であるはずの仕事に，私生活の多くを犠牲にして打ち込んでいる状態を指す言葉らしい。この2つの言葉の違いが私にはなかなか理解できないのである。四十代の中間管理職の男性が激しい背部痛と膨ら脛の筋肉痛を訴えてやって来た。整形外科を受診したら，鎮痛剤と貼り薬を処方されたけれど，それと同時に心療内科を受診するように言われたという。私のところにやって来てまず話したのは，1か月にだいたい100時間の超過勤務とのことだった。これはまさにオーバーワーク。抗うつ薬とともに病気休暇を取るように伝えると，「自分がやらなければならない」と，ワーカホリック的発言。仕事が大変だと言いながら，「俺って凄いでしょう。頑張っているんだ」という発言に強い自己承認欲求を感じた。背部痛は鎮痛剤や貼り薬では治らず抗うつ薬で軽快したので，「あなたの痛みはうつ病かあるいは適応障害が原因だと思う」と伝えると，不思議そうな顔をしていた。腰痛患者に整形外科医が抗うつ薬を処方するのはかなり以前か

ら行われている。それに身体症状はうつ病による可能性が高いと伝えると，すんなり納得していた。それも痛みが抗うつ薬で軽減されたことによるのだろう。軽減されても超過勤務は全く変わらない。職場によって，時間外手当の扱いが異なるようだ。この中間管理職の男性の場合，何か役職に就くと，役職手当が付くのだが，そうなると超過勤務手当がつかない。最初は，「毎月100時間時間外で働いていると言うから，手当も凄いんじゃない」と尋ねると，「役職手当だけ。よっぽどヒラの方が良いですよ」と嘆くのである。

　疲労が重なり，睡眠不足や抑うつ的になって相談に来る人の多くは服薬の提案を拒否するので，診断書を書き数週間休むことを提案する。休んで症状が回復すれば，環境要因によるもの。休養しただけでは回復しなければ，クリニックに来てもらい抗うつ薬などの投与となる。基本的に働くことが好きな人が多い。猛烈に突き進むように働く人を見かけることも少なくない。その場合には強引にでもブレーキをかける。家族に連絡するのも大事なことで，働かないのは家族にとって心配だが，働き過ぎはむしろ健全だと思う家族は少なくない。倒れてしまったり，「死にたい」と言われて初めて気づく場合もある。

5　状況反応性のうつ病

　ここでは昇進うつ病と定年間近のうつについて考えてみようと思う。両方とも様々な部署のあるやや大きな職場に多く見られる。私がこれまでに経験したケースでは，昇進と定年間近が合併したケースが多い。最近は定年の年齢が60歳から65歳になりつつあるが，私の周りではまだまだ60歳定年が多い。60歳でいったん定年となるが，年金支給が65歳からなので，それまでの5年間，再雇用する場合が多い。60歳で定年を迎えた時の役職が，例えば教育畑では校長になっているかそうでないかによって，退職金やその後の年金が大幅に異なる。私のところにやって来る相談者は58歳か59歳。職場側の親心で昇進しポストを上げることで退職金などが優遇される。とてもありがたい配慮だが，長年慣れていた仕

事から急に全く不案内な部署に，しかも施設長として異動となる。不適応ともなれば退職の危機であり，再雇用に影響するとあって神経が参ってしまうのも無理はない。病気休暇など使えない。施設長が休むとは即退職を意味するのである。最初の症状は寝付きが悪い，食欲低下，不安などよくありがちな症状。この段階になったら相談に来るように話している。「具合が悪くなる理由も解る。無理もない。頑張ろうとしないで早めの服薬を促す」のである。こうしたケースでは，配偶者の理解も早い。家族の老後がかかっているのである。

6　まとめにかえて：家族心理学について思うこと

　本誌（家族心理学年報）に「産業医からみた雇用者と家族」について書くように依頼があった。産業医として経験したことをまあ気ままに書いてみるか。そして頂いたタイトルから浮かんだ事柄をエピソーディックに書いてみた。あと家族について書くとすると「発達障害」のこと。産業医をしていてもクリニックでも相談者が言うのは，うつ病か発達障害。特に発達障害という言葉が跋扈している。この2つに虐待を加えると，そのどれもが遺伝負因が強い。うつ病と発達障害は脳器質的な遺伝，虐待は環境要因と思われがちだが，虐待の連鎖はまるで遺伝のように見えることもある。

　それはさておき，冒頭で述べた「家族心理学的知識は心理職のすべての領域に関わると思われる」について，思いつくままに書くことにする。

　私が家族心理学，あるいは家族精神医学に最初に興味を持ったのは家族システム論であった。今回の話題である産業医についても雇用者として見るだけでなく，職場−雇用者−家族というそれぞれのシステムが円環構造のようになっていると対処方法が見えやすくなる。退職金や年金問題，それに退行期うつ病が重なり合ったり，自殺者遺族のサポートでも自殺者を取り巻く職場の同僚や上司，それに遺族への対応などシステムの円環構造を考えながら進めるのが役立つように思った。かつてアルコール問題やアダルトチルドレン，多問題家族が喧しい時代の家族療法

としてあまり実践はされなかったが，ミニューチン（Minuchin）や
アッカーマン（Ackerman）の方法が魅力的に感じたものである。円環
構造を考える場合に，それぞれにシステム間のサブシステムに心理療法
家が働きかける。家族療法についても今述べたようなイメージをずっと
持ち続けている。産業医としては腕の良い家族療法家であり，かつ産業
カウンセラーである人と仕事を組んでみたいと思っている。

文　献
阿部惠一郎　2012　精神医療過疎の町から―最北のクリニックでみた人・
　町・医療．みすず書房．

Ⅱ

家族臨床心理学研究・
実践の最前線

ネット加害者とその犯行時刻の予測
異常検知と時系列分析

横谷 謙 次

1 ネット加害者とその犯行時刻

　加害者の予測とその犯行時刻の予測は人類の夢である。加害者の犯行時刻を予測するためには，「ある人が将来加害者になるかどうか」という質問と「その人が将来いつ加害行為を行うか」という質問に分けて研究する必要がある。ここでは，前者に異常検知のアルゴリズムを使用し，後者に時系列分析のアルゴリズムを使用して，ネット上の加害者とその犯行時刻を予測する。加害行為によって加害者だけでなくその家族にも様々な心理的負荷がかかることを考えれば，加害者の犯行予測・予防は家族心理学においても注目すべきテーマである。なお，本研究はサイバーエージェントの高野雅典博士との共著論文であり，データ取得は高野博士が行った（Yokotani & Takano, 2022）。

2 ルーチンアクティビティ（日常活動）理論

　本研究ではルーチンアクティビティ理論を用いる（Choi & Lee, 2017 ; Cohen & Felson, 1979）。この理論では，潜在的な被害者がおり，その

被害者を守る守護者がおらず，かつ，その被害者を狙う潜在的な加害者がいる，という3点が揃った機会に犯罪が起こり易い，と考えている。小児性犯罪を例に取れば，小さな少女がいて，その少女を守る保護者がいず，かつ，その少女に犯行を行おうとする犯罪者がいた場合，小児性犯罪は起こり易いと言える。

こういった犯罪機会はまれにしか生じないため，小児性犯罪者は，こういった犯罪機会に遭遇しやすいように日常活動（ルーチンアクティビティ）を変更する。例えば，小児性犯罪者は幼稚園の近くに住むことで犯罪機会を増やすことが知られている（Walker, Golden, & Van Houten, 2001）。

同様に，小児性犯罪者は，オンラインでも日常活動を変更することが知られている。小児性犯罪者は犯行を行う前に，被害者となる小児にオンライン上で頻繁に話しかけることが知られている（Ioannou et al., 2018）。例えば，小児の個人情報を引き出そうとしたり，小児の自撮り写真を送信させようとしたりすることが知られている（Gámez-Guadix et al., 2018）。

これらの先行研究に基づけば，加害者のオンライン上での活動は，非加害者の活動と異なることが考えられるため，オンライン上での活動記録に基づいて，加害者を予測することが可能だろう。また，加害者は事前に定期的にチャットをしているため，これらの事前のチャット記録が分かれば，その記録から次の犯行時刻を予測することが可能だろう。

3　加害者と非加害者の活動時間の違い

対象者：対象者は2020年1月1日から6月30日までのピグパーティの利用者である。ピグパーティとはサイバーエージェントが運営・開発をしているオンラインのチャットアプリであり，日本の若年層に人気がある。ピグパーティ上で1日に100回以上チャットをした者を除いた558,656名が最終的な分析対象者である。彼・彼女らの活動ログを管理者権限によって取得した。

活動ログ：ピグパーティにはチャット機能があり，そのチャットのタイムスタンプ（何月何日何時何分何秒という記録）に基づいて，利用者のチャットの時間帯を推定した。チャットには1対1でチャットするものとグループでチャットするものとがあり，ここではそれぞれプライベートチャット，グループチャットとした。

　違反行為の判定：ピグパーティには違反行為（例えば，売買春の斡旋をしてはならない，など）が定義されており，それらの違反行為を行った利用者とその時間帯と場所が逐次記録されている。なお，違反行為の判定では，第一段階で機械が自動的にリスクの高い発話を抽出し，第二段階で，リスクの高い発話とその前後の文脈を人間が読み取って違反行為かどうかを判定している。2020年1月1日から6月30日までに182,227件の違反行為が確認された。

　加害者と被害者の判定：違反行為を行っていた者を加害者と判断した。その結果28,305名が加害者となった。なお，違反件数よりも加害者の数が少ないのは，特定の加害者が複数の違反行為を行っているためである。

　また，こういった違反行為を受けた者や違反行為が行われた場所の所有者を被害者と判断した。被害者は43,721名である。なお，非加害者−非被害者とは加害者でも被害者でもない者を示す。

　加害者と非加害者−非被害者の活動時間の違い：加害者，被害者，非加害者−非被害者のチャットの時間帯を図1に示す。図1をみると，加害者は非加害者に比べて，土日の0〜4時の時間帯にプライベートチャットの活動が多く，かつ，金土の22〜23時の時間帯にグループチャットが多いことが分かる。図2は図1の差を詳細に計算したものであるが，加害者と非加害者−非被害者及び被害者と非加害者−非被害者との活動時間帯の差が大きい一方で，被害者と加害者の差は小さいことが分かる。ここから，加害者と被害者は，活動時間から異常値として検知することが可能であることが示唆された。

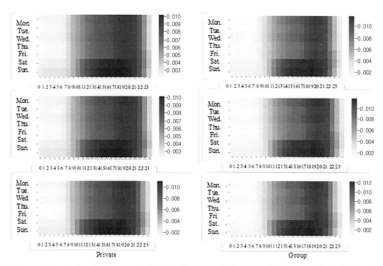

図1 プライベートチャット（左）とグループチャット（右）での活動時間の差
（Yokotani & Takano, 2022）

（上から順に加害者，被害者，非加害者−非被害者。色の濃いところはチャットが行われ易い時間帯を示す）

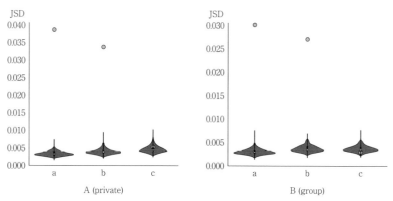

図2 プライベートとグループチャットの活動時間帯の差異
（Yokotani & Takano, 2022）

（a. 加害者と非加害者−非被害者，b. 被害者と非加害者−非被害者，c. 加害者と被害者）

4　加害者の予測：異常検知

　ここでは活動ログに基づいて，加害者の異常検知が可能であること
を示す。異常検知器として変分オートエンコーダ（Variational
Autoencoder：VAE）を用いた（An & Cho, 2015）。入力データはある
週の活動ログとその週の加害者率である。その週の加害者率を異常者率
とし，異常スコアの閾値を設定した。異常スコアの閾値を超えた者は，
次の週の加害者と推定された。同様の手法で，ある月の活動ログから次
の月の加害者を推定した。同様にある2か月の活動ログから次の2か月
の加害者を推定した。その結果，2か月間の加害者推定が最も優れた成
績を示しており，Area Under the Curve（AUC）は0.7982（SD 0.0219）
であった。図3は2020年1月から2月のデータを基に同年3月から4月

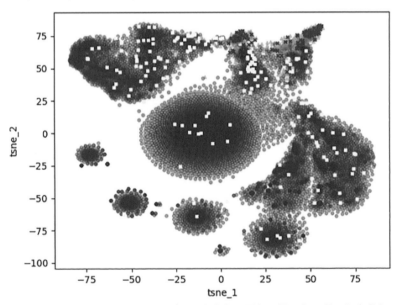

**図3　2020年の1月から2月のデータをもとに同年3月から4月の加害者と
被害者を予測**（Yokotani & Takano, 2022）
青は予測通り，非違反。赤は予測通り違反。オリーブは予測と違って違反しなかっ
た。黄色は予測と違って違反した（カラー図版は出典を参照）。

の加害者を予測した図である（カラー図版は出典を参照）。予測通り加害者にならなかった青い点は図の中心に集まっているのに対し，予測通り加害者になった赤い点は図の端にいることを示しており，異常検知のアルゴリズムで未来の加害者が検出可能なことを示している。

5　加害者の犯行時刻の予測：時系列分析

　最後に加害者の犯行時刻を予想する。加害者の活動量ではなく，活動周期が重要であるため，犯罪者の活動ログは全てフーリエ変換され，周波数の振幅として前処理された。この前処理によって，活動ログを活動量という静的な特徴量（時間の変動に関わらず一定）ではなく，周波数という動的な特徴量（時間の変動に伴って変化）で取得できる。

　また，加害者のある週の活動ログを基に次の週の犯行時刻を予測した。ここでは，曜日を推定する推定機（月曜日から日曜日まで）と時間帯を推定する推定機（0時から23時まで）を機械学習モデルで作成した。同様に，加害者のある月の活動ログから次の月の犯行時刻を予測した。同様に，加害者のある2か月の活動ログから次の2か月の犯行時刻を予測した。

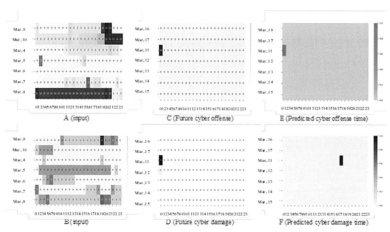

図4　加害者の犯行時刻と被害者の被害時刻の推定
（Yokotani & Takano, 2022）

犯行時刻の推定においては，次週の予測，次月の予測，次の２か月の予測でもほぼ同じ結果が得られた。犯行時刻と曜日の正答率（accuracy）はそれぞれ0.9583と0.8571であった。ここから，活動ログを用いて，精度の高い犯行時刻の予測をすることが可能である，と言える。

　図４に具体的な使用方法を示す。まず，図４のAとBが３月４日から10日のある加害者のプライベートとグループのチャットの活動分布である。次にCとDが次の週である３月11日から17日での実際の犯行時刻と被害時刻である（この場合，この利用者は加害時刻も被害時刻も同じである）。加害行為の予測機は正確に３月11日の犯行の曜日と時間をともに正確に予測している（E）。一方，被害行為の予測器は被害の曜日は正確だが，時間は不正確に予測している（F）。ただし，Eの予測器に基づいて，この利用者をモニタリングしていた場合，この利用者の被害はすぐに確認することができ，被害の予防に貢献するだろう。

6　結　論

　家族システム論では，メンバー同士のコミュニケーションを重視する。現在の情報技術を用いれば，このコミュニケーションから活動時間帯を推定することが可能であり，本研究ではこの活動時間帯に基づいて犯行時刻の予測が可能であることを示した。なお，コミュニケーションには聞き手の行動を方向付けるという観点もあるが（Watzlawick et al., 2007：Bateson, 2000），この観点も犯罪の予測には有用であり，この観点を組み入れることで犯行時刻の予測精度が実際にあがることも確認されている（Yokotani & Takano, 2022）。家族システム論の考え方を用いることによって，様々な現象が今後も解明されていくだろう。

謝　辞
　本研究はサイバーエージェント様からの資金援助を受けている。また，本研究の詳細な内容はComputers in Human behaviorにて掲載されて

いる。最後に，情報工学を心理現象に適用した研究に興味のある方は類書を参考にして欲しい。

参考文献

An, J. & Cho, S. 2015 Variational autoencoder based anomaly detection using reconstruction probability. *Special Lecture on IE*, 2, 1-18.

Bateson, G. 2000 *Steps to an Ecology of Mind*. The University of Chicago Press : Chicago.［佐藤良明（訳） 2000 精神の生態学．新思索社．］

Choi, K.-S. & Lee, J. R. 2017 Theoretical analysis of cyber-interpersonal violence victimization and offending using cyber-routine activities theory. *Computers in Human Behavior*, 73, 394-402.

Cohen, L. E. & Felson, M. 1979 Social change and crime rate trends : A routine activity approach. *American Sociological Review*, 44, 588-608.

Gámez-Guadix, M., Almendros, C., & Calvete, E., et al. 2018 Persuasion strategies and sexual solicitations and interactions in online sexual grooming of adolescents : Modeling direct and indirect pathways. *Journal of Adolescence*, 63, 11-18.

Ioannou, M., Synnott, J. & Reynolds, A., et al. 2018 A comparison of online and offline Grooming characteristics : An application of the victim roles model. *Computers in Human Behavior*, 85, 291-297.

Walker, J. T., Golden, J. W., & VanHouten, A. C. 2001 The geographic link between sex offenders and potential victims : A routine activities approach. *Justice Research and Policy*, 3, 15-33.

Watzlawick, P., Bavelas, J. B., & Jackson, D. D. Pragmatics of human communication : A study of interactional patterns, pathologies and paradoxes. W. W. Norton Campany : New York.［山本和郎（監訳）・尾川丈一（訳） 2007 人間コミュニケーションの語用論―相互作用パターン，病理とパラドックスの研究．二瓶社．］

Yokotani, K. & Takano, M. 2022 Predicting cyber offenders and victims and their offense and damage time from routine chat times and online social network activities. *Computers in Human Behavior*, 128, 107099.

横谷謙次 2021 精神の情報工学―心理学×IT でどんな未来を創造できるか．遠見書房．

ペアデータ分析の考え方と方法

家族・夫婦データのための分析手法

清 水 裕 士

1 ペアデータ分析とは

　家族心理学に関わる心理学領域，具体的には臨床心理学や発達心理学，あるいは社会心理学では近年，ペアデータ分析が使われることが増えてきた。本稿では，家族データにおけるペアデータ分析の役割と，具体的にどのような分析手法であるのかについて解説することを目的とする。

　ペアデータ分析とは何かを説明する前に，そもそもペアデータとは何かについて説明しよう。ペアデータとは，カップル（夫婦や恋愛関係），親子，カウンセラーとクライエント，あるいは友人同士や教師と生徒など，主にお互いに相互依存的な関係にある2人から取得したデータのことを言う。ペアデータ分析はその相互依存性を考慮に入れて分析を行うための手法であると言える。

　それでは相互依存的な関係とは何だろうか。ここでは，お互いから取得されるデータがお互いに影響し合っている，あるいは共通の潜在的な要因から影響を受けているような関係のことを指す。たとえば，夫婦関係における満足度などは相互に影響し合っている，かつ，共通要因（家族など）も存在するため，典型的なペアデータ分析が活躍するデータで

ある。逆に，同じ夫婦関係でも相互影響や共通要因がないデータ（たとえば遺伝的な特徴など）はペアデータ分析を用いられない。

　ペアデータ分析は，このような相互依存関係にある2人のデータについて適切に分析するための方法である。「適切に」とついているのは，通常の分析方法（ここでは相関係数や重回帰分析などを指す）でペアデータを分析してしまうと，適切な結果にならないからである。ここでは，相互依存的なデータに対して通常の分析を行うことの問題点について，具体例を挙げながら説明しよう。たとえば，100組の夫婦の「日常会話の程度」と「夫婦満足」についてのデータがあるとする。それぞれの変数について，夫婦が両方とも回答しているようなデータである。データセットを表1にすると，次のようになる。ここでペアという変数はペアを識別する番号を意味している。同じ番号が2回続いているのは，ペアデータを縦並びに配置しているからである。役割という変数は，ここでは夫の場合に1，妻の場合に2をコードする変数である。このデータについて，日常会話の程度と夫婦満足の程度の相関係数を算出することを考えよう。夫婦両方が回答しているので100組×2人で200人分のデータがあることになる。

表1　ペアデータの例

ペ　ア	役　割	会話量	満足度
1	1	2.91	4.47
1	2	2.62	4.75
2	1	3.75	3.42
2	2	4.18	3.17
3	1	3.84	4.21
3	2	3.48	5.49
4	1	4	5.56
4	2	3.43	5.31
5	1	1.87	3.89
5	2	1.17	5.08

ここで通常の相関係数を算出すると，以下の2つの点で適切ではなくなってしまう。1つは標準誤差や信頼区間の推定にバイアスが生じることである。上の例のようにサンプルサイズが200の場合，相関係数は自由度が198で検定が行われるが，これは適切ではない。なぜなら，データが相互依存的であるので，独立したサンプルを仮定する検定や信頼区間は正確ではないからである。多くの場合，相互依存的なペアデータに対して通常の相関係数の検定や信頼区間を計算すると，その誤差を過小推定してしまう。上の例のような夫婦の会話と満足度も，お互いに影響し合う変数なので，見た目は200人のデータでも実際の独立したデータの情報はもっと少ないと考えられる。つまり，本来はもっと信頼区間が広いにもかかわらず，狭く推定してしまう可能性があるということだ。あるいは，本当は有意ではないのに有意な相関が得られたと誤って判断してしまう確率が高くなる。

　2つ目の問題は，得られた相関係数（あるいは回帰係数）の解釈の問題である。相互依存的なデータから計算される相関（回帰）係数は，複数の効果が入り混じっている可能性がある。たとえば相互影響があるペアデータの場合，相関係数には個人内の相関と，個人間の相関の2つの情報が含まれている。具体的には，夫婦の会話と満足度の場合は，この2つの変数が相関するのは「夫（妻）はよく話し，また夫（妻）は関係に満足している」可能性と，「夫はよく話し，妻（夫）が関係に満足している」可能性の両方があり得る。前者は夫（妻）の中だけで完結している相関だが，後者は相手の変数が自分に影響するという形の個人間の相関となっている。この相関の分離については，次の行為者・パートナー相互依存性モデルの項で詳しく説明する。

　共通原因がある場合も同様に，2つの相関の解釈が可能である。変数が夫婦関係や家族関係といったカップルが共有する状態に影響を受けて会話と満足度が相関する場合（これをペアレベルの相関と呼ぶ）と，それとは無関係に，相手との相対的なレベルによって生じる相関（これを個人のレベルの相関と呼ぶ）の2つがある。この解釈については，ペアワイズ相関分析の項で詳しく解説する。

このように，相互依存的なペアデータを通常の方法で分析してしまうのは問題が生じる。そこで，次の項からは具体的に2つのペアデータ分析を紹介していこう。

2　行為者・パートナー相互依存性モデル

　最初に紹介するのは，クックとケニー（Cook & Kenny, 2005）が提案した，行為者・パートナー相互依存性モデル（Actor-Partner Interdependence Model：以下，APIM）である。APIM は前項で解説した，2種類の相互依存性のうち，相互影響をモデルで表現するための分析手法である。APIM はたとえば夫婦関係において，夫と妻のどちらがどちらの影響によって変数が規定されるかを明らかにすることができる。

　APIM には2種類の方法がある。1つは識別可能データについての分析で，もう1つは交換可能データについての分析である。識別可能とは，ペアデータが役割によって区別することができるようなデータのタイプを指す。夫婦関係は異性同士の結婚であれば夫と妻という役割によってペアを識別することができる。ほかにもカウンセラーとクライエント，教師と生徒，話し手と聞き手など，役割によってペアが識別できれば，識別可能な APIM を用いることになる。もう1つの交換可能データとは，ペア内で役割がなく，どちらがどちらでも交換できる，逆に言えば識別ができないデータのことである。たとえば同性友人のデータ，同僚ペアのデータなど，対等で役割に違いがない場合のペアデータが当てはまる。このような役割の識別ができないときは，交換可能な APIM を用いる。本稿では，家族心理学で用いられることが多いであろう，識別可能な場合を紹介する。

　識別可能な場合の APIM は統計学的には構造方程式モデルの下位モデルとして位置づけることができる。よって，分析自体は Amos といった構造方程式モデル用のソフトウェアで実行することができる。1項でとりあげた夫婦関係データを例に解説しよう。APIM はいわゆるパス解析のように変数同士のパスを結ぶが，図1のように，夫と妻のそ

れぞれのデータを変数として区別して分析に用いるのが特徴的である。そして，夫婦の個人内の影響を表すパスを「Actor（行為者）効果」と呼び，夫婦の相互の影響関係を表すパスを「Partner（パートナー）効果」と呼ぶ。図1では，夫の会話と満足度，妻の会話と満足度のパスが行為者効果である。行為者効果は，この例で言えば，夫が発話することが夫自身の関係満足を高める効果を意味している。そして，夫の会話から妻の満足度，あるいは妻の会話から夫の満足度へのパスがパートナー効果である。パートナー効果は，夫の発話がパートナーである妻の満足度に与える影響を意味している。なお，識別可能な場合は夫と妻それぞれの行為者効果，パートナー効果が推定され，それぞれ値が異なることがある。

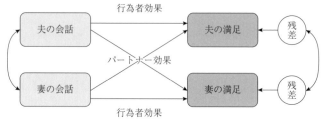

図1　APIMのイメージ

　APIMはこのように，2変数の相関や回帰係数を，2つの効果，つまり行為者効果とパートナー効果に分離させることができる。また識別可能なデータのときは，それぞれの役割に応じた行為者効果，パートナー効果を推定できるので，非対称な役割（カウンセラーとクライエント，あるいは教師と生徒など）における相互依存関係の分析などを行うことで，より豊かな知見を得ることができる可能性がある。

3　ペアワイズ相関分析

　ペアワイズ相関分析とは，グリフィンとゴンザレツ（Griffin & Gonzalez, 1995）が提案した，相互依存的なペアの共通要因によって生じる相関を説明するためのモデルである。夫婦関係にある夫と妻の相互

依存関係は，両者の相互影響だけではなく，夫婦が共通して持っている様々な特性，たとえば夫婦関係そのものの影響，夫婦関係を取り巻く家庭，他の家族の影響などがありえる。もしペアデータで得られた相関が，ペアの共通要因によって生じたものであれば，その相関の解釈は夫婦単位のものと理解することができるだろう。

　具体的に夫婦関係のペアデータの例で言えば，夫婦の会話の程度と夫婦満足度の程度の相関関係が，もし夫婦を取り巻く家庭環境を共有していることによって生じているなら，「会話をよく行う夫婦は，ともに関係に満足している」と理解することができる。このようにもしペアが共通要因の影響を強く受けているなら，相関の解釈は夫，妻といった個人単位で理解するのではなく，夫婦単位で理解するほうが妥当である場合もあるのである。

　このように共通要因による効果（これをペアレベルの効果と呼ぶ）と，それを取り除いた効果（これを個人レベルの効果と呼ぶことがある）に分離することを目的とするのが，ペアワイズ相関分析である。

　ペアワイズ相関分析の分析のイメージは図2のようになる。このように，ペアワイズ相関分析はペアデータに対して因子分析を行い，それぞれの因子間の相関を推定する方法であると言える。すなわち，たとえば夫と妻の発話の共通因子を推定することで，夫婦の会話に影響する共通

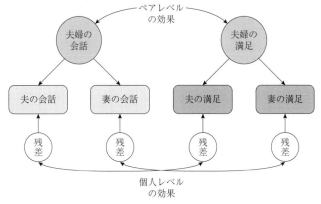

図2　ペアワイズ相関分析のイメージ

要因を探ろうとしているわけである。そして、それぞれの共通要因の情報を推定した後、それぞれの間の相関係数を推定すれば、それがペアレベルの相関係数となる。

　また、共通要因からの影響からの残差同士の相関も、ペアワイズ相関分析では検討することがある。これは個人レベルの相関と呼ばれ、いわゆる残差相関、偏相関係数に該当するものである。個人レベルの相関は解釈が難しいが、ペアデータの場合は、「パートナーとの相対的な違いについての相関」であると解釈するのがよい（清水, 2014）。具体的には、「夫が妻より会話していれば、夫は妻よりも満足している」、という解釈となる。

　ペアワイズ相関分析は、このように通常の相関係数や回帰分析では明らかにすることができない、共通要因の効果と個人の相対的な効果に分割することができる。

　なお、ペアワイズ相関分析は次項で述べるマルチレベル構造方程式モデルの下位モデルであることが知られている。もともとペアワイズ相関分析はペアデータ専用の分析法であり、かつ専用のソフトウェアなどがないこともあり、あまり利用されていなかった。しかし、ペアワイズ相関分析は、マルチレベル構造方程式モデルの下位モデルであるので、それを実行することができるソフトウェアなら簡単に分析できる。

4　より発展的な分析手法

　本稿では、APIM とペアワイズ相関分析を紹介したが、ペアデータ分析にはそれ以外に様々なものがある。

　たとえばケニー（Kenney, 1994）が提案した Social Relations Model（SRM）は、小集団内のメンバー間の相互影響を検討することができる分析手法で、家族関係の分析によく用いられる。SRM ではたとえば父、母、子どもにおける会話データに基づいて、会話の生起要因を、行為者効果、パートナー効果、個人内の互恵性、個人間の互恵性、家族全体の効果などといったものに分離することができる。つまり APIM を小集

団に発展させた方法であると言える。

　また前項でも触れたように，ペアだけでなく個人と集団の相互依存関係（学校と生徒など）を明らかにする方法として，マルチレベル分析が注目されている。その中でも，マルチレベル構造方程式モデルは，ペアワイズ相関分析や集団レベル相関分析を下位モデルに含む，より包括的な分析手法である。マルチレベル構造方程式モデルを使うことで，ペアや集団の共通要因と個人要因を分離し，それぞれのレベルごとに構造方程式モデルを使ってモデル化することができる。つまり，ペアワイズ相関を用いた媒介分析なども可能になる。これらについても清水（2014）に具体的な方法やソフトウェアの使い方がまとめられている。

5　まとめ

　本稿では，家族心理学で扱う機会の多いペアデータの分析方法について，簡単に紹介を行った。これらの方法は，ペアデータに対する通常の相関係数や回帰分析からではわからない重要な知見を得るための方法である。よって，ペアデータを取得している研究者にとっては，必須の方法であると言える。

　具体的な分析方法やソフトウェアの使い方については，清水（2014）などに書かれているので，そちらも合わせて参照してほしい。本稿で紹介した方法は，既存のソフトウェアで簡単に実行することができる。

文　献

Cook, W. & Kenny, D. A.　2005　The actor-partner interdependence model : A model of bidirectional effects in developmental studies. *International Journal of Behavioral Development*, 29, 101-109.

Griffin, D. & Gonzalez, R.　1995　Correlational analysis of dyad-level data in the exchange case. *Psychological Bulletin*, 118, 430-439.

Kenney, D. A.　1994　*Interpersonal perception : A social relations analysis.* Guilford Press : New York.

清水裕士　2014　個人と集団のマルチレベル分析．ナカニシヤ出版．

III

日本家族心理学会第38回年次大会
「『家族』とは何か？——コロナ禍での再考」より

コロナ禍で問い直される
夫婦であることの意味

宇都宮　博

1　はじめに

　日本家族心理学会第38回年次大会（大会委員長：廣井亮一）は，立命館大学を担当校として開催された。筆者は大会事務局長を務めたが，当初は対面開催の可能性も検討された。しかしながら，新型コロナウイルスの状況をふまえ，前年度大会に引き続きオンライン開催となった。大会テーマは，まさに「『家族』とは何か？―コロナ禍での再考」であった。

　本稿では，大会のテーマならびに取り組みをふまえつつ，コロナ禍を通して様々な家族問題に直面し，解決を模索している一般の人々が読者層に含まれている点を考慮して構成された。筆者は，これまで夫婦の関係性を中心に実証的研究ならびに臨床的支援に取り組んできた。そこでコロナ禍さらにはアフターコロナを見据えて，夫婦の関係性と親役割ならびに心理的適応をめぐる問題に焦点を当て，最後に危機的状況での関係性の変容過程について論じることとする。

2　家族役割に関わる意思決定とコロナ禍による影響

　コロナ禍において，我々の暮らしや家族のあり方はどのような影響を受けたのであろうか。山田（2020）は，この点について，政府の統計データや各種機関の調査結果を通して論じている。すなわち，コロナ禍によって少子化が加速していること，子どもをもつことを望んでいても，妊娠をあきらめたり，延期しているカップルがみられることを明らかにするとともに，異性と出会う機会の減少や，感染リスクを恐れて出会い自体を求めない人々の存在も指摘している。また，夫婦の関係性については，夫婦仲の変化に関する自身の調査結果によって，関係に変化がみられないケースが多数であるものの，二極化傾向の可能性についても触れている。離婚に関しては，今後の動向を注視する必要性をふまえつつ，これまでのところ大きな影響はみられていないという。実態（厚生労働省，2021a）としては，結婚も離婚も減少傾向が続いている（図1，図2）。

　一方，令和3年版厚生労働白書においては，自粛生活がもたらした影響によって，孤立化が深刻となっていること，高齢者の交流機会の減少ならびに認知機能の低下，うつ傾向の高まり，自殺者（とくに女性と若

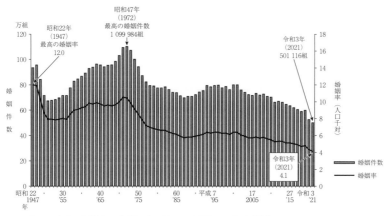

図1　婚姻件数及び婚姻率（人口千対）の年次推移（厚生労働省，2021a）

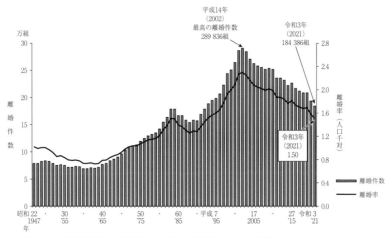

図2　離婚件数及び離婚率（人口千対）の年次推移（厚生労働省，2021a）

者）の増加，配偶者間暴力（DV）が増えることへの懸念等が指摘されている（厚生労働省，2021b）。孤立化と関連して，斎藤（2021）においても，コロナ禍での女性の自殺や児童虐待およびDVの増加が指摘されており，同氏は長期的な予測としてコロナ禍での失業に伴い，そのままひきこもりに移行するパターンが増加する可能性を懸念している。ひきこもりとなった人々への支援の難しさについても論じており，回復にとって重要とされる居場所や自助グループなどへの参加の困難さから，その契機が奪われることで，支援の困難さが高まっていることを指摘している。孤立化の問題は，個人の問題にとどまらず，社会に対する家族の境界のあり方にも大きな意味をもっていると考えられる。

　このように，コロナ禍によるインパクトは，親密な人々との出会いや交際，結婚，出産，子育てを含む家庭内での役割調整等，我々の暮らしや家族のあり方に多くの変化をもたらしている。現状では，今後もコロナ禍の行方を見通すことは容易ではなく，ウィズコロナなのか，アフターコロナなのか，将来への明確なビジョンがもてないまま，いわば模索の中で個人と家族の時間が流れているといえよう。そうした状況に関わらず，我々は様々なライフステージに立ち，各自の生涯を歩んでいると考えられる。

3 コロナ禍における個人の発達，家族の発達

　個々の人々の暮らしに目を向ければ，運動会や修学旅行をはじめとする各種学校行事が取りやめとなり，登校自体も制限がかけられるなど，子どもたちはそれまで当たり前に与えられていた多くの生活体験の機会を失った。それは，子どもだけに限られたことではなく，大人や高齢者にも当てはまり，多くの制約と緊張感の中を生きてきたと考えられる。世代を問わず，誰もがこれまでに経験したことのない苦難の状況にあって，家族の内部ではどのような問題が存在しているのだろうか。ここでは，子育て期の夫婦を中心に考えてみたい。

　図3は，子どもと夫婦関係，そして養育行動（ペアレンティング）の相互の結びつきをあらわしたものである（菅原，2016）。例えば，夫婦関係が高い葛藤状態にある場合，養育行動に支障が出る恐れがあり，一方で養育態度をめぐる問題は，夫婦の親密性を低減させることが考えられる。また，養育行動のあり方によって，子どもの発達が影響を受ける流れとともに，子どもの特性によって夫婦のコミュニケーションや養育態度を左右する道筋も想定される。家族成員は様々な外部システムにも属しており，多様な地位とそれに期待される役割を併存している中そこでの関与や相互調整，そして適応のあり方が家族内部のあり方に関連していることは言うまでもない。コロナ禍によって，長らくリモート勤務やオンライン登校を経験した人々も数多くおり，こうした循環はこれま

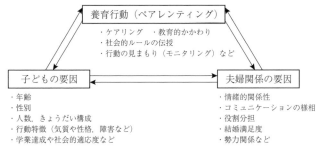

図3　子ども・夫婦・養育（ペアレンティング）の関係性 (菅原，2016)

で以上に活発に生じているのではないかと推察される。

　このメカニズムは，個々の家族によって，かなり異なる様相を示しているものと思われる。例えば夫婦関係が養育行動に与えるかたちに着目すると，コックら（Cox, Paley, & Harter, 2001）は両親間葛藤と親子関係の関連として以下のようなパターンに整理している。すなわち，夫婦間の葛藤から生じるネガティブな感情が親子間の相互作用を壊したり，阻害したりする「流出」，夫婦間の葛藤に気を取られて子どもとの関わりから手を引く「退行」，厳しいしつけ，放任なしつけ，一貫性が乏しいしつけといった「不適切なしつけ」，顕在的な側面（片方の親がもう一方の親の子育てに干渉したり，悪口を言ったりするなど）と潜在的な側面（一人の親が育児を行っている場合に起こるもので，いない方の親の情報を吹き込み，子どもとの関係を変えてしまうなど）からなる「協働子育ての困難さ」，そして親が結婚生活への不満を埋め合わせるために，親子関係に充足感を求める「補償」が挙げられる。

　最後の「補償」については，一見すると肯定的な親子関係にも思われるが，親が子どもに押し付けてくる見せかけの関係であることも少なくなく，そうした場合，子どもは両親間との三角関係化や世代間の連合，親役割代行（ペアレンタル・チャイルド）に陥ることなどが懸念される。コロナ禍においては，シングルペアレント・ファミリーのリスクと支援ニーズが注目される傾向にあるが，家族が社会と断絶してしまいやすくなってる可能性が懸念され，両親がいる家庭の場合も含めて注意が必要である。関連して，両親からの「板挟み状態」は，青年期や成人初期の子どもの主観的幸福感の低さや親子関係の乏しさと関連していることも示唆されており（Amato & Afifi, 2006），長期的な検証が望まれる。

4　コロナ禍を通して問われる夫婦の関係性

　コロナ禍で長らく続いた自粛要請の中で，家庭内で夫婦や家族で過ごす時間が増えたという人々も少なくないだろう。これまでの各種調査によって，コロナ禍によりストレスフルな状況のもとに，配偶者と共有す

る時間が増えている夫婦も多いと推測されるが，留意すべきはコロナ禍以前に，彼らの関係性が異なっている点である。

夫婦の関係性の多様さをめぐり，筆者はこれまでシニア世代を対象とした量的，質的な調査研究を行ってきており，表1に示す6つの関係性のステイタスに大別できることを明らかにしている。コロナ禍以前のデータという前置きが必要になるが，これらのステイタスの分布にはジェンダーで差異が確認されており，女性の方が男性に比べて，あきらめや葛藤，否定的結論を特徴とするステイタス（献身型，妥協型，拡散型）を有する者が多く確認されている。

また，ペアの組み合わせから，夫が人格型の場合，その妻も同一の人格型の傾向がみられる一方で，同じく肯定的評価であっても，その拠り所が道具的次元にとどまる表面型の場合，その妻は先述の3つのステイタスの占める割合が比較的高く認められている。コロナ禍によって，こうしたステイタスがどのように揺らぎ，問い直されるのか，それとも波風が立たないでいるのか，といった変化のメカニズムについては，結婚生活への不適応が離婚に直結するわけではない点を考慮すると，丁寧な検証が必要であると考えられる。

表1　配偶者との関係性の様態 （宇都宮，2004）

ステイタス	存在の意味づけ	積極的関与	特徴
人格的関係性型	探究→人格的肯定	している	最高のめぐり合わせ。 この人（配偶者）と深くわかりあえていると思う。 私にとっては唯一無二の存在。
献身的関係性型	現在探究中	している （もしくはしようとしている）	めぐり合ったのは間違いじゃないはず……。 この人と心の底からわかりあいたい。あきらめたくない。
妥協的関係性型	探究→中立的	していない	この人とわかりあいたいと思っていた。 でも，今は期待していないし，もうこのままでよい。
拡散的関係性型	探究→否定的	していない	かつてはわかりあえるようにと努力をしていた。しかし，もう傷つきたくない。どうしてこの人と出会ってしまったのだろう。別れたい，人生をやり直したい。
表面的関係性型	探究せず （機能的肯定）	している	なぜこの人と一緒にいるのかなんて考えたことはない。 とにかく満足している。それ以上言うことはない。
独立的関係性型	探究せず（中立的）	していない	なぜこの人と一緒にいるのかなんて考えるのは無意味。 生きていくうえで必要な人。 愛している，愛していないなんて，私には関係ないこと。

5 夫婦関係の変わり目として
―ターニングポイントの要件とは―

　コロナ禍において，それまでの夫婦のかたちを支えきれず，軌道修正を余儀なくされたり，または率先して改善のために取り組んだ（でいる）夫婦もいるのではないかと考えられる。その一方で，パートナーには伝えられず，自問自答を繰り返したり，周囲の人に相談をしたりしている場合もあると思われる。では，夫婦のターニングポイントに直面すると，どのような心理的過程をたどるのであろうか。表2は先述のシニア世代を対象としたインタビュー調査で得られた関係性発達の展開過程である。このように何らかのライフイベントを個人のターニングポイントとして認識しても，すべての者が夫婦関係の問題として関連づけるわけではなく，また夫婦として同じ人生を歩んでいても，夫と妻で異なる感覚を有していることも少なくないと考えられる。関係性の変容については，二者関係のことだけに，配偶者との相互交渉の展開によって結末は異なることが想定されるが，対象者の中には配偶者の側には大きな変化を求めないかたちで進展する場合もある。すなわち個人内でのとらえ

表2　関係性発達の展開過程（宇都宮，2004）

展開過程における到達状況	人数
＊：個人の内的危機も夫婦人生の節目もなし	5
Ⅰ：「個人の内的危機を認知する段階」まで到達	7
Ⅱ：「個人の内的危機を夫婦関係の問題として位置づける段階」まで到達	7
Ⅲ：「これまでの夫婦関係を見つめ直す段階」まで到達	1
Ⅳ：「夫婦関係を修正・向上させる段階」まで到達	0
Ⅴ：「人格的関係としての安定とそれにもとづく積極的関与の段階」まで到達	6
計	26

注）夫婦人生に大きな節目があったと回答したのは，ⅡからⅤに位置する14名である。

直しや新たな意味づけによって，確固とした関係性の感覚を抱くように
なった場合も認められる。

　このような心理的過程は，夫婦の不和につながる否定的なライフイベ
ントが契機となるばかりではない。例えば，自身が大病を患ったり，老
親と死別した際に支えてもらえた等，配偶者の存在のかけがえのなさ
（非代替性）や，共にいられることが当たり前ではないこと（有限性）
への気づきによって，さらなる成熟した関係性を求めて，積極的に探究
するような場合も認められている。関係性の再体制化の取り組みは，結
婚生活の歩みの中で幾度となく訪れる可能性があり，それらの積み重ね
によって関係性は深化・成熟を遂げていくのではないかと考えられる。

6　終わりに

　本稿では，コロナ禍における家族をめぐる状況の変化をふまえ，夫婦
の関係性を中心とする危機への対応について論じてきた。結婚生活の持
続と適応をめぐっては，言うまでもなく多様であり，同一の夫婦におい
ても当事者間で大きく異なる感覚を有している場合も少なくない。

　結婚生活の維持は自発性を基本とするものの，必ずしも配偶者（との
関係性）に根ざしているとは限らないこと，とりわけコロナ禍のように
離婚により生じるリスクが高いと判断される場合，離婚が賢明な選択で
はないとして，そのまま関係が継続される可能性が考えられる。ただし，
夫婦相互の，あるいは他の家族成員の心理的適応を保障するものではな
いため，慎重なとらえ方が必要とされる。

　永続性の観念が弱まりつつある今日，結婚の意味は揺らいでおり，そ
のとらえ直しの必要性に直面しているのではないだろうか。そうした現
象を実証的知見により可視化するとともに，実際の夫婦・家族への臨床
的支援に寄与する家族心理学の果たすべき役割は，今後一層重要になっ
てくるものと思われる。

　最期に，本稿では，（法律婚）夫婦を想定して論じてきた。しかしな
がら，コロナ禍と時を同じくして，国際的な課題としてSDGsへの問題

意識が我が国でも高い関心を向けられており，LGBTQ＋のカップルを含め，様々な家族やパートナーシップのあり方が模索されつつある。そうした個々の問題意識の高まりやニーズに対し，社会的制度的な環境の議論は十分には追いついておらず，そうしたダイバーシティへの対応も家族心理学が直面する喫緊の課題であると思われる。今後の研究の発展が期待されるところである。

文　献

Amato, P. R. & Afifi, T. D.　2006　Feeling caught between parents : Adult children's relations with parents and subjective well-being. *Journal of Marriage and Family*, 68, 222-235.

Cox, M. J., Paley, B., & Harter, K.　2001　Interparental conflict and parent-child relationships. In Grych, J. & Fincham, F.(Eds.), Interparental conflict and child development : Theory, research, and applications pp. 249-272. Cambridge University Press. : Cambridge.

厚生労働省　2021a　令和3年（2021）人口動態統計月報年計（概数）の概況. https://www.mhlw.go.jp/toukei/saikin/hw/jinkou/geppo/nengai21/index.html　（最終アクセス日2022/6/10）

厚生労働省　2021b　令和3年版厚生労働白書―新型コロナウイルス感染症と社会保障. https://www.mhlw.go.jp/stf/wp/hakusyo/kousei/20/（最終アクセス日2022/6/10）

斎藤　環　2021　コロナ禍における「ひきこもり生活」がもたらす心理的影響. 日本労働研究雑誌, 63(4), 84-89.

菅原ますみ　2016　子どもの青年期への移行, 巣立ちと夫婦関係. 宇都宮博・神谷哲司(編著)　夫と妻の生涯発達心理学, pp. 158-172. 福村出版.

宇都宮　博　2004　高齢期の夫婦関係に関する発達心理学的研究. 風間書房.

山田昌弘　2020　コロナ禍が日本家族に与えた影響について―少子化の加速と夫婦の二極化―. 中央大社会科学研究所年報, 25, 33-43.

TEA（複線径路等至性アプローチ）は家族心理学に貢献できるか？

開放システムとしての家族を捉えて記述するための試みについて

サトウタツヤ

1 TEA と開放システム

TEA（Trajectory Equifinality Approach：複線径路等至性アプローチ）は，時間を捨象することなく人々のライフ（生命・生活・人生）をプロセスとして把握する質的研究法である。質的研究法の特徴を類型化した『質的研究法マッピング』は，TEA の特徴を「過程を明らかにする」ものであり，かつ「実存志向」であるとした（サトウら，2019）。なお，本稿では詳しく扱えないが，TEA は理論的には記号論的文化心理学という立場をとる。

TEA は 1）歴史的構造化ご招待（Historically Structured Inviting：HSI），2）複線径路等至性モデリング（Trajectory Equifinality Modeling：TEM），3）発生の三層モデル（Three Layers Model of Genesis：TLMG）という 3 つのコンポーネントから成っている。個別の説明は割愛するが，TEA の根幹にあるのは TEM である。人間を開放システムとして捉えた上で，人間の発達を時間と場所との関係で捉えること，文化の影響を排除するのではなく重んじること，を主眼として TEM は生まれた（サトウ，2016）。

TEM は等至点までの径路を非可逆的時間の次元と「実現したこと−実現しなかったこと」の次元を用いて描くものであり，定まった形はない。たとえて言えば似顔絵のようなものである（安田・サトウ，2022）。画風と対象者の相互作用で様々な似顔絵があるのと同じように，TEMにも様々な形がある。図1は大学院入学を等至点としたTEMの例である。

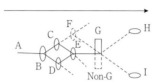

B＝大学入学；C＝インターン；D＝怠学
E＝大学卒業；F＝就職
G＝大学院入学；NonG＝大学院入学せず
H＝最善の見通し；I＝最悪の見通し

図1　TEMの例（サトウ，2016）

　さてTEMの対象は開放システムであるから個人である必要はない。システムとは，「組み立てた物」を意味する古代ギリシア語「$\sigma\grave{\upsilon}\sigma\tau\eta\mu\alpha$」（スュステーマ）が語源であり，ベルタランフィ（Von Bertalanffy, 1968）は『汎システム理論（General System Theory）』においてシステムを「互いに相互作用をしている部分からなる全体」だと定義した。彼は人間のあり方についての2つのモデル（機械論と生気論）を二項対立的に捉えるのではなく，いわば展結（Transduction）的に統合することを提案し，機械も生き物もシステムであるとした上で，両者をシステムとして見た時にその共通性と差異に焦点をあてた統合理論として汎システム理論を作った。その時の差異を捉えるための新たなキーワードが閉鎖性と開放性であった。ここで閉鎖システムとは外界と相互作用しないシステムであり，開放システムとは外界と相互作用するシステムである。汎システム理論はこの両者を総合的に俯瞰する理論にほかならない。
　家族や学級や部活動などはそれぞれ開放システムとして捉えることができるからTEMの対象にできる。だが，実際に家族などを開放システ

ムとして扱う TEM の研究はほとんど無い。その理由の1つは開放シス
テムを構成する諸成員の関係の質を描くことが難しいからだと思われる。
新婚生活を始めた2人も家族だろうし，祖父母・父母・孫2人からなる
家族だってあるだろう。様々な形の家族を単純にひとくくりにして成員
間の関係の質を描くのはさらに難しいと想像できる。

　そこで，以下では関係学を取り入れることによって，開放システムを
扱う TEA の可能性を広げていく提案をしたい。

2　関係学

　関係学は松村康平（1917-2003）によって提案された。松村は東京帝
国大学（現・東京大学）文学部心理学科でレヴィン流のゲシュタルト心
理学を学び，長くお茶の水女子大学で研究と教育に従事して，門下生と
共に関係学を誕生・発展させた。外林大作（1916-2012）と共に心理劇
を日本に導入した人物でもある。

　関係学は，「かかわり（関係）構造の分析をすすめて，人間の根源的
な自己・人・物の接在共存関係状況を究明し，複雑な人間諸現象をその
状況の顕在化の過程においてとらえ，関係発展の実践活動を促進する理
論的枠組みを提供する」ものである（cf 松村，1980）。具体的には，関
係の様相を「内在・内接・接在（共存）・外接・外在」で捉えるもので
あり，それを複数の円の重なり具合によって表現する手法を開発した
（図2）。関係の質を5つに分類することで関係の質の推移について記述
する枠組みを確立したことが関係学の理論的特徴である。

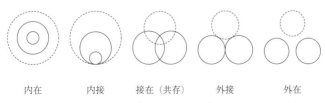

内在　　　　内接　　　接在（共存）　　　外接　　　　外在

図2　5つのかかわり方（日本関係学会ウェブサイトより）

3　関係学と TEA の融合

　関係のあり方を表現する関係学は，どのように TEA と切り結ぶのか。本稿では廣井亮一による「罰ではなく心理療法的試練を与えたケース」（廣井，2007）という公刊された事例を参考にして，TEM（複線径路等至性モデリング）と関係学の融合の可能性を描写する。この事例は「シンナー吸引の非行で家裁に係属した少年（中学生）」であり，家庭裁判所（以下家裁）調査官が当事者とその両親に対してオーディール（Ordeal＝試練）を課したことから事態が好転したものである。まず事例の概略を紹介しよう。

　少年は両親思いで，小学生の時は親のケンカを泣きながら止めていたが，中学に入ってからは不良仲間とシンナー吸引を行い，両親は毎日のように警察に呼ばれるようになった。父親は毎日，息子を殴りつけることでシンナーをやめさせようとした。少年は家裁調査官に対して「シンナーを吸っている時だけ親のことを忘れられるのでやめられないが，体を壊している仲間を見ると恐い」と言った。

　これをうけて家裁調査官は両親に「シンナーの毒を薄めるために，シンナーを吸って帰ってきたら，すぐにコップ 3 杯の水を飲ませてください」と指示を出した。少年には「水を飲まないと骨が溶けてしまうので，（帰宅後に水を）飲まなければならない」と言い，「飲まないなら少年院に行くしかない」と脅した。

　コップ 3 杯の水を飲ませるというオーディールを課す前提となった家裁調査官の見立ては以下の様であった。

　①少年のシンナー吸引には両親の不和を阻止する目的があること。

　②父が少年を殴って少年が反発して外出するという悪循環を断ち切ること。

　③少年はシンナーの身体への害を心配していること。

　コップ 3 杯の水を飲ませるというオーディールはどのような効果をも

たらしたのだろうか。父親から家裁調査官に対して月に一度手紙が来ていた。以下が概略である。

一通目　夫婦でコップリレーで水を飲ませています。
二通目　相変わらず水を飲ませています。息子のシンナー吸引と夜間外出が減りました。夫婦が協力して息子に対応したのは久しぶりです。私も水を飲ませるのに必死で，叱ることを忘れてしまいます。
三通目　シンナーは吸っていないようです。

　つまり，家裁調査官の介入により少年のシンナー吸引量は３か月間でほぼなくなった。
　この事例について，少年から見た家族や友人関係についていくつかの時点ごとに関係構造を捉えてみよう。初期において父と母は外在的である（それどころか家族という形は保っているが対立している）。父母と少年もまた外在的であり，少年は仲間と接在的な関係を持ちシンナー吸引にふけっていた。ただし少年はシンナーは身体に毒であり恐いと思っており，シンナーとは外接的関係に留まっている。この状況を仮に描いてみると図３のようになる。

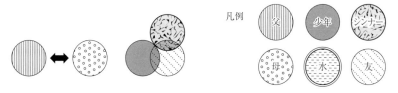

図3　初期の関係構造図（凡例は全ての図に共通である）

　この後に，家裁調査官のオーディール「我が子に水を３杯飲ませること」が両親に発動される。これにより水が少年と両親を媒介することとなった。両親は水を飲ませることについては協力関係が成立しており，外接的な関係となった。とはいえ少年とは外在的なままであり，かつ，少年と友達やシンナーとの関係が変わったわけでもない（図４）。
　２か月後には，共通の課題を遂行することで両親は接在（共存）的に

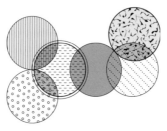

図4　オーディール介入直後の関係構造図

なり，また，水を飲ませる行為と殴る行為は拮抗関係にあるため（水を
飲ませながら殴ることはできない），父親が少年を殴る頻度も減ること
になり，少年と両親の関係は外接的な関係に近づいた。とはいえ，友人
やシンナーとも関係を絶てないでいる（図5）。

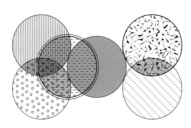

図5　オーディール介入2か月後の関係構造図

　3か月後には少年は父母と接在（共存）する。そして彼は家に居るこ
とが多くなり，友達との関係は疎遠になり外在的関係となる。そして両
親の不和を解消する手段であったシンナーとの関係は外在的となった。
少年が家に居ることが増えたため，結果として水3杯を飲ませる両親の
行為も不要となり，媒介としての水は関係構造図から消える（図6）。
　さて，関係構造図（図3〜図6）はその時々における関係の質を描い

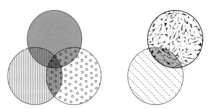

図6　オーディール介入3か月後の関係構造図

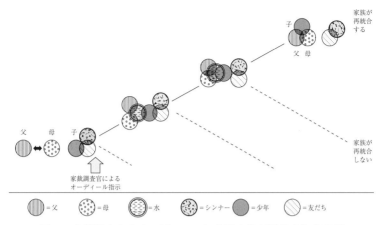

図7　家裁調査官のオーディールにより家族が再統合した事例
（関係構造図を含んだ TEM）

ていたとはいえ過程を描けていない。そこで TEM に関係構造図を挿入することで過程を表現してみたい。TEM は時間軸（非可逆的時間という次元）とは別の軸を定義する必要があるため，ここでは「家族が再統合する－しない」という次元を設定する。

　始点において両親と子どもは外在関係だったが，家裁調査官の介入によりいくつかのフェーズを経て，両親と子どもは接在共存関係に変化した（図7）。なお，この事例ではオーディールにより家族関係は短期的に直線的に改善したため，このような表現になったことに注意されたい。

4　結　語

　関係の様相を5つのあり方で理解する目的をもつ関係学を援用することは，開放システムとしての家族を対象とする TEA の可能性が広がるだけではなく，家族療法のプロセス記述の新しい方法を提案するものであり，家族心理学への貢献も期待できる。

　本稿で提案した TEA と関係学の融合によって，TEM における分岐点の前後の関係を円を用いて「見える化」する可能性が拓かれたことになる。円の数はいくつであっても構わないから，たとえば「子どもの不

登校・進路等に及ぼす家族の影響」という研究をする場合，家族に含まれる人の種類がそもそも違っているということさえも「見える化」できる。

　いわゆる比較文化研究を行えば，隣の国同士でも家族とされるメンバーが異なっているかもしれないし，日本国内であっても，家族経営的な小企業の従業員と大企業サラリーマンでは家族の範囲は異なっているかもしれない。成員数の違いにかかわらず関係の質を描けるのは大きな強みになるだろう。

　関係の質を理論化した関係学の考え方は，「真の関係は実在の身分を持つ」とするフランスの哲学者シモンドンの考えとも共鳴するであろう。関係を扱う視点を取り入れた TEA が家族心理学や家族療法の進展に貢献できることは間違いない。

謝　辞

　立命館大学・宇都宮博教授には第38回家族心理学会において講演の機会を与えていただきました。同大学・廣井亮一教授には本稿の事例記述部分についてご確認いただきました。関係構造の図のモノトーンデザインの工夫と作画について，同大学大学院・福山未智さんの協力を得ました。以上の皆さんに感謝いたします。

付　記

　図2（5つのかかわり方）については，松村による二つの文献（松村，1974；1991）が参考になると日本関係学会からご指摘をいただきました。記して感謝いたします。

文　献

廣井亮一　2007　司法臨床の方法．金剛出版．
松村康平　1974　学び方・かかわり方　田口恒夫・浅見千鶴子・水野悌一ほか　児童における人間の探究．光生館．
松村康平　1980　人間科学としての心理学—2つの著書の書評を中心として．応用心理学研究，3・4合併号，45-65．

松村康平　1991　基本的立場　松村康平・斎藤　緑（編著）　人間関係学．関係学研究所．

日本関係学会ウェブサイト　https://kankei-gakkai.jp/（2022/04/07最終確認）

サトウタツヤ　2016　複線径路等至性アプローチ（Trajectory and Equifinality Approach；TEA）．末武康弘・諸富祥彦・得丸智子ほか（編著）「主観性を科学化する」質的研究法入門—TAE を中心に，7 章，pp. 82-93．金子書房．

サトウタツヤ・春日秀朗・神崎真実（編）　2019　質的研究法マッピング—特徴をつかみ，活用するために．新曜社．

Von Bertalanffy, L.　1968　*General system theory : Foundations, development.* George Braziller : New York. ［長野　敬・太田邦昌（訳）　1973　一般システム理論—その基礎・発展・応用．みすず書房．］

安田裕子・サトウタツヤ（編）　2022　TEA による対人援助プロセスと分岐の記述—保育・看護・臨床・障害分野の実践的研究．新曜社．

日本家族心理学会における若手を中心とする会の重要性と役割の検討

次世代を担う会員の会として活動していくために

高木　源・小林千緩・八重樫大周
中島卓裕・小林大介・萩臺美紀

1　はじめに

　現在，多くの学会において，若手を中心とする会が発足し，若手の立場から，様々な企画や提案を行い，若手の研究・実践の環境を改善するために役割を果たしている。例えば，日本心理学会の若手の会では，「若手心理学者への研究支援及び公募手続きの改善に関する提言書」を「文部科学省 AirBridge～研究現場を考える若手の会～」に提出することで，若手の視点から困りごとを伝え，改善策を提案している（日本心理学会若手の会，2021）。このような若手の会の働きかけは，若手間，世代間の情報交換や人的な交流を促進し，学会内で決定権を持つことが難しい若手にとって重要な役割を果たしている。

　日本家族心理学会では1984年4月に創設されてから，日本の家族心理学領域の研究・実践を推進してきた一方で，いまだ若手を中心とする組織は存在していない。日本家族心理学会においても，実践家や研究者など多様な立場から，多くの若手が学会に参加していることを考慮すると，若手を中心とする組織が必要だと言える。そこで，本稿では，家族心理学会における若手を中心とする会の重要性，果たすべき役割について検

討を行う。

2　若手を中心とする会の重要性

　新たな枠組みを作る重要性について，分子生物学者の清水（2014）は次のように指摘している。

　共創は，新しい枠を大まかに決めて出発し，その枠を次第に明確に絞っていくというかたちをとる。したがって，共創によって世界の枠がいったん形成されると，次回には，その枠を積極的に壊さなければ，共創は成功しない。共創はつねに束縛のない新しい土俵を必要とする。

　ここでいう共創とは，複数の人々が互いに同じ側に立って行う創造的行為のことを指す。この指摘の通り，共創を可能とする効果的な組織を作るためには，まずは大まかな枠組みを設定し，その枠を壊しながら，発展していくことが必要となる。日本家族心理学会という従来の枠組みの中に，若手を中心とする新しい枠組みが成立することは，従来の枠組みに構造的な変化を生み出すこととなる。この意味で，大まかであっても組織を立ち上げることそのものが第一に重要だと言える。
　しかしながら，枠組みの存在は最低限の条件であり，若手を中心とする会が日本家族心理学会において共創を促進する新しい土俵として機能するためには，組織としての発展も重要となる。新しい枠組みの成立後の組織の発展について，清水（2014）は次のように述べている。

　世界の枠が開かれてその世界の中に生まれる場で異質の人々が出会うときに「我と汝」の関係が生まれる。その場こそが「出会いの場」である。人々が出会いの場で出会うことで場に位置づけられた両者のあいだに新しい関係が生まれて個の活（はたら）きが統合され，両者が開かれることが創造の必要条件である。両者が開かれれば新しい自己表現が創造されて場も新しく変わるからである。この出会いの時に異質の「我と汝」が

「我々」として統合されさらに開かれることが共創の必要条件である。

　このように，新しい枠の成立後においては，その枠が異質性の交流場となり，次第に「我々」という同質性として統合されていくことで，創造的な組織となりうる。現時点では新たな枠組みを作り，異質性の交流の場となる段階ではあるが，若手を中心とする会の中でのアイデンティティを形成することで，次第に「我々」という同質性を獲得していくことが重要だと考えられる。

　清水（2014）の指摘は，若手を中心とする会において時間の経過とともに形成されうる既存の枠組みを積極的に壊していくことの重要性も示唆している。したがって，若手を中心とする会では，新たな構成員を積極的に取り入れる形で，会の枠組みを変革していくことが重要となる。

　ここまで，清水（2014）の指摘から，若手を中心とする新たな枠組みを作る重要性を示し，組織として発展していくために必要な要素を検討した。その結果，日本家族心理学会において若手を中心とする新たな枠組みが作られることは，日本家族心理学会の従来の枠組みに構造的な変化を生み出し，家族心理学会内での共創を促進すると考えられた。したがって，まずは若手を中心とする会を立ち上げることが必要だと言える。

　次に，若手を中心とする会を発展させるためには，若手間の異質性と同質性を統合していく組織を目指す必要があり，そのためには若手を中心とする会としてのアイデンティティを形成する必要がある。また，若手を中心とする会が効果的な組織であり続けるために，常に変革を求めていく必要がある。以上より，若手を中心とする会では，組織としてのアイデンティティの形成に取り組むと同時に，常に開かれた組織となるよう，既存の枠組みを見直し，多様な意見を取り入れていくことが重要だと言える。そこで，以下では，家族心理学会における若手を中心とする会（次世代を担う会員の会）の発足について検討した際に，話題提供を行った若手実践家および若手研究者の問題意識と解決策の提案を紹介することで，若手を中心とする会が果たすべき役割について検討を深める。以下，若手五名からの提言を示す。

3 実践に関わる交流の必要性

考え学び支え合う―横でつながる場の提案―（小林千緩）

精神科病院での心理業務の1つに，病棟コンサルテーションや他職種への心理学的視座の提供がある。家族療法の様々な分野の考え方は他職種へ助言をする際にも役立つが，他の専門職にとっては馴染みが薄い言葉や捉え方も多い。そのため共通言語を見つけて試行錯誤しながら伝えていくことが求められるが，これは様々な現場で求められる役割でありながら，研究や事例として検討に上がりにくい働きであるため，経験の浅い若手としては困り感を抱えやすい業務の1つだと考えられる。また，周囲に家族療法を基に臨床実践している心理職が少ない場合も多く，気軽に相談したり学習し合う機会が乏しいという現状もある。

そこで，若手会員相互が研鑽し合う場作りを提案したい。例えば，学習会や事例検討会を開催することで，家族療法に対する理解を深めたり，臨床でのそれぞれの工夫を学び合うことができる。また，研究に関する意見交換の機会の場として活用することができれば，研究活動の活性化も期待できると思われる。臨床も研究も，研鑽し続けるモチベーションを刺激し合える環境づくりを目指したい。

多彩な職域と縦のつながり（八重樫大周）

様々な領域で心理職の受容が高まる中，新しい現場に若手が飛び込んでいく機会も多くなっているのではないだろうか。新しいチーム・コミュニティに参加する場合，誰でも手探りで自分の役割を模索していくが，経験を積んだ心理職と若手ではやはり専門性を発揮するまでのスピード・対処の幅などが大きく違うと思われる。また，チーム内に複数の心理職がいたとしても，オリエンテーションが一致しているとは限らず，家族心理学を学んだ若手がその知識・技術を発揮しきれない場合もある。

このような問題に対して，様々な臨床経験を持つ会員と若手会員の交

流をオープンに促進する場として，学会が活用できないだろうか。例えば，職域ごとのシンポジウムや研修の場で話を聞く機会や，個人の臨床現場での経験をざっくばらんに書いてもらえるコラム的な広報を通じて，若手会員が実践に活かせる知識・技術を獲得するヒントや，新しいつながりを作るきっかけが増えると思われる。対面での交流が薄くなった今，他の会員へのアプローチの方法を増やしていきたいと考える。

現職研修の壁に立ち向かう若手心理士に愛の手を（中島卓裕）

　臨床現場における心理職に求められる役割は，個別のアセスメント・心理面接からコミュニティやシステムへの介入など多岐にわたる。また，職場に心理士が1人だけといういわゆる「一人職場」という状況も珍しくない。そのため，臨床経験の浅い若手心理士にとってスーパーヴィジョンを受けて自身の心理臨床について見つめ直す機会が重要となる。教育現場や福祉現場において働く心理士には，共に働く他職種に対する現職研修の役割が求められることもある。現職研修は心理士にとって他職種連携のつながりを強くすることができる非常に大切な機会である。しかし，心理面接などの臨床活動はスーパーヴィジョンを通して研鑽を積むことができるが，現職研修の壁に立ち向かう若手心理士が頼る先は，現在十分に確立されているとは言えない。自分自身の経験を振り返っても，スクールカウンセラー1年目として勤務していた時に機会をもらった現職研修で，非常に悪戦苦闘したことは忘れることができない。

　そこで，学会に所属する経験豊富なベテラン心理士の研修テクニックを学び，現職研修に立ち向かおうとする若手心理士が研修について相談できる場を作ることを提案したい。より効果的な現職研修の実施だけでなく，円滑な他職種連携の実現に近づくことができるだろう。

4　研究に関わる交流の必要性

若手研究者の交流のために（小林大介）

　若手研究者が抱える問題の1つに，他の研究者との交流が難しいとい

うものがある。その理由としては，まず，学会の中にどのような研究者がいるかどうかが分からないという問題が挙げられる。日本家族心理学会という「家族」に関する学会である以上，似たような研究テーマや問題意識を持つ人が所属している可能性は非常に高いと考えられる。しかし，学会での発表以外で，他の研究者の研究を知る機会は限られている。また，研究者を知っても，アクセスするのに抵抗感が生じるという問題もあるだろう。「声をかける」「メールを送る」等の交流の始まりには，研究のテーマだけでなく，研究者の人柄も影響を与えると考えられる。しかし，現状，研究者の人柄を知る手段は非常に少ない。

このような問題を踏まえ，他の研究者との交流のためには，研究者の研究テーマおよび人柄を知る機会が設けられる必要性があると思われる。具体的には，ホームページやニュースレターのような，現在も活用されているツールの中で研究者の紹介ページを設けたり（研究や趣味について記載），新たに Slack 等を活用した交流のハードルを下げるツールの活用が必要ではないだろうか。

家族心理学研究を活発化するための課題 （萩臺美紀）

研究を活発化するためには，研究者のモチベーションの維持・向上をどのように行うのかを議論する必要がある。研究の実施に際しては多くの労力や時間を割かれるために，その負担から躊躇する人も多いと推測される。様々な困難を経験する中で，試行錯誤しなければいけないが，特に若手は経験不足や自信のなさからそこで，諦めてしまうこともあるだろう。このようなときに，相談したりサポートする組織の存在は重要だと考えられる。そのため，研究との付き合い方や研究者としてのキャリアについて相談したり，学べる機会を作るということを提案したい。個人的に相談するだけでなく，組織としてそのような機会や仕組みがあると，より悩んでいる研究者をサポートすることができると考えられる。さらに，研究を活発化するためには，話題性が重要だと考えられる。そのため，現状の学会賞のシステムに加えて，研究がより話題になるような大会発表に対する賞を設置することで，研究に対するモチベーション

の維持や向上につながると考えられる。

5　日本家族心理学会における若手を中心とする会の役割

　若手実践家および若手研究者から示された内容をまとめると，実践においても研究においても，若手が相互に交流し，時に研鑽をつみ，時に困りごとを共有できるような横の交流が必要だと言える。加えて，横の交流のみならず，経験が豊富な実践家や研究者から助言を得たり，キャリアの相談をしたりできるような縦の交流もまた必要不可欠だと言える。したがって，日本家族心理学会における若手を中心とする会では，このような横と縦の交流の機会を創出する役割を果たす必要がある。その具体的な方法としては，日本家族心理学会の会員のことを様々な媒体で知ることができる機会を作ること，横と縦の交流会を開催すること，実践，研究，研修の研鑽の機会として事例検討会や勉強会などを企画することなどがあげられる。

　その他，大会発表に対する賞の設置など，大会での研究発表のモチベーションを向上させるような制度も重要だと考えられる。このような賞は自身の研究をより多くの人に知ってもらう機会となると同時に，若手のキャリア形成の一助となることが期待される。このように，若手の視点から日本家族心理学会の発展に寄与するような提案を行うことは，若手を中心とする会の重要な役割の一つだと言える。したがって，若手を中心とする会では，若手の横の交流を促進すると同時に，若手が感じる課題と解決策を集約し，必要に応じて提案を行う必要がある。

　ここまで，日本家族心理学会において若手を中心とする会を設置する重要性と果たすべき役割を検討した。その結果，日本家族心理学会において，若手を中心とする会が様々な交流の機会を創出し，若手の視点から提案を行うことが重要だと考えられた。その一方で，若手を中心とする会では，自らが次世代を担う会員として，誰かに何かをやってもらうことを期待するのではなく，一人一人が自分の為すべきことを実行することが重要となる。特に，学会への提案においては，自らができること

を全て実行した上で，限界がある点を提案することが重要だと言える。このように，日本家族心理学会の次世代を担う会員としての自覚を持ちながら，自己の責任を果たすことで，日本家族心理学会の発展に貢献することが可能となる。そこで，次世代を担う会員として自覚的に活動するために，「次世代を担う会員の会」という名称を用いて日本家族心理学会における若手を中心とする会の運営を行っていきたい。

参考文献

日本心理学会 若手の会　2021　若手心理学者への研究支援及び公募手続きの改善に関する提言書.
　https://wakate.psych.or.jp/document/airbridge_teigen.pdf（2022年1月11日にアクセス）
清水　博　2014　新装版 場の思想. 東京大学出版会.

Psychotherapy for Individual and Family in Industrial Field

Japanese Association of Family Psychology Annual Progress of
Family Psychology Volume 40, 2022

Contents

■人名・事項索引■

■執筆者一覧　（執筆順）

生田　倫子（いくた・みちこ）　　　神奈川県立保健福祉大学

平木　典子（ひらき・のりこ）　　　日本アサーション協会

水野修次郎（みずの・しゅうじろう）一般社団法人ライフデザインカウンセリング
　　　　　　　　　　　　　　　　　研究所

高橋　美保（たかはし・みほ）　　　東京大学

森川　友晴（もりかわ・ともはる）　チェリッシュグロウ株式会社

金井　篤子（かない・あつこ）　　　名古屋大学

佐藤　克彦（さとう・かつひこ）　　三楽病院

中村　武美（なかむら・たけみ）　　株式会社ビヨンド・ワーズ

岩﨑　恵美（いわさき・えみ）　　　NPO法人日本心理教育ラボ

神谷　哲司（かみや・てつじ）　　　東北大学

椎野　　睦（しいの・まこと）　　　産業能率大学

成海由布子（なるみ・ゆうこ）　　　東京都教職員総合健康センター

石黒　　周（いしぐろ・ちか）　　　キャリアマネジメントコンサルティング株式
　　　　　　　　　　　　　　　　　会社

阿部惠一郎（あべ・けいいちろう）　あべクリニック

横谷　謙次（よこたに・けんじ）　　徳島大学

清水　裕士（しみず・ひろし）　　　関西学院大学

宇都宮　博（うつのみや・ひろし）　立命館大学

サトウタツヤ（さとう・たつや）　　立命館大学

高木　　源（たかぎ・げん）　　　　東北福祉大学

小林　千緩（こばやし・ちひろ）　　藤代健生病院

八重樫大周（やえがし・たいしゅう）岩手県立久慈病院

中島　卓裕（なかじま・たかひろ）　中京大学

小林　大介（こばやし・だいすけ）　新潟青陵大学

荻臺　美紀（はぎだい・みき）　　　柴田学園大学

産業分野に生かす個と家族を支える心理臨床

日本家族心理学会編

家族心理学年報 40

2022 年 9 月 30 日　初版第一刷発行

〈検印省略〉

発行者　金子紀子／発行所　株式会社　金子書房

郵便番号 112-0012 東京都文京区大塚 3 丁目 3 番 7 号

電話 03（3941）0111-3　振替　00180-9-103376

URL　https://www.kanekoshobo.co.jp

印刷　藤原印刷株式会社／製本　一色製本株式会社

ISBN 978-4-7608-2687-2　C3311　　　　Printed in Japan © 2022